segredos
DA PROSPERIDADE

© 2018 por Luiz Gasparetto e Lúcio Morigi
© iStock.com/RomoloTavani

Coordenadora editorial: Tânia Lins
Coordenador de comunicação: Marcio Lipari
Capa e projeto gráfico: Equipe Vida & Consciência
Preparação: Janaina Calaça
Revisão: Equipe Vida & Consciência

1ª edição — 1ª impressão
3.000 exemplares — julho 2018
Tiragem total: 3.000 exemplares

**CIP-BRASIL — CATALOGAÇÃO NA PUBLICAÇÃO
(SINDICATO NACIONAL DOS EDITORES DE LIVROS, RJ)**

G232s

Gasparetto, Luiz, 1949-2018
Segredos da prosperidade / Luiz Gasparetto, Lúcio Morigi.
- 1. ed. - São Paulo : Vida & Consciência, 2018.
192 p. ; 14x21 cm.

ISBN 978-85-7722-563-7

1. Desenvolvimento pessoal. I. Morigi, Lúcio. II. Título.

18-50386

CDD: 133.9
CDU: 133.9

Todos os direitos reservados. Nenhuma parte desta edição pode ser utilizada ou reproduzida, por qualquer forma ou meio, seja ele mecânico ou eletrônico, fotocópia, gravação etc., tampouco apropriada ou estocada em sistema de banco de dados, sem a expressa autorização da editora (Lei nº 5.988, de 14/12/1973).

Este livro adota as regras do novo acordo ortográfico (2009).

Vida & Consciência Editora e Distribuidora Ltda.
Rua Agostinho Gomes, 2.312 — São Paulo — SP — Brasil
CEP 04206-001
editora@vidaeconsciencia.com.br
www.vidaeconsciencia.com.br

GASPARETTO E LÚCIO MORIGI

segredos

DA PROSPERIDADE

GASPARETTO

Com mais de cinquenta anos de experiência nas áreas de comportamento, filosofia, metafísica e mediunidade, Luiz Gasparetto (16 de agosto de 1949–3 de maio de 2018) foi um dos espiritualistas mais consagrados do Brasil. Sua fama também ganhou o mundo, tornando-o conhecido em outros países, e seus livros já somam mais de 1,5 milhão de exemplares vendidos.

Formado em Psicologia no Brasil, fez especializações em Londres e nos Estados Unidos e ministrou cursos de Psicologia Existencial, tornando-se membro do Easalen Institute (STAF). Escritor, terapeuta, apresentador e artista mediúnico, Luiz Gasparetto fundou o Espaço da Espiritualidade Independente em São Paulo, onde ministrava cursos e palestras voltados ao crescimento pessoal, ensinando o indivíduo a lidar com diferentes situações do dia a dia e a ter uma vida mais equilibrada e feliz.

Para Gasparetto, a prosperidade é uma condição natural do ser humano e o sucesso é para quem acredita que tudo pode dar certo em sua vida.

Para conhecer melhor seu trabalho, acesse:
www.gasparetto.com.br

LÚCIO MORIGI

Poeta e escritor, Lúcio Morigi é formado em Administração de Empresas pela Fundação Getúlio Vargas – FGVSP, trabalhou como inspetor de instituições financeiras no Banco Central do Brasil e, durante doze anos, como conselheiro no Metacenter, em São Paulo. O autor também é radialista e ministra palestras sobre temas ligados à Nova Era, movimento que tem seus fundamentos na metafísica moderna e na espiritualidade.

O autor publicou os livros *O cientista de hoje*, *Paraíso Escondido – Versos terapêuticos* e *Dez coisas que você precisa saber antes de morrer – para se dar bem nesta vida e na outra*. Em parceria com Luiz Gasparetto, publicou os livros *Revelação da Luz e das Sombras*, *Calunga revela as leis da vida*, *Fazendo acontecer*, *Gasparetto responde* e *O corpo*, todos lançados pela Editora Vida & Consciência.

SUMÁRIO

INTRODUÇÃO 10

MAUÁ 15

INÁCIO DE LOYOLA 36

JOHN ROCKEFELLER 60

REI SALOMÃO 86

ALLAN KARDEC 111

LOURENÇO PRADO 134

ENCERRAMENTO 162

INTRODUÇÃO

Este livro tem sua origem no curso de prosperidade, proferido pelo Barão de Mauá e por seus amigos que integram o Clube do Mauá, por meio do Luiz Gasparetto (*in memorian*), no Espaço da Espiritualidade Independente, localizado no alto do Ipiranga, em São Paulo.

Qual não foi minha alegria, minha satisfação, ao ser convidado pelo Gasparetto para transformar em livro aquele inesquecível curso, do qual tive o privilégio de participar?!

O Clube do Mauá é uma fraternidade com uma proposta de trazer aos mundos, principalmente aos encarnados, a dinâmica da prosperidade, que é o princípio do espírito divino da expansão, do crescimento, do desenvolvimento e do progresso em todos os sentidos.

O referido grupo é constituído por nada mais nada menos — além do próprio Barão de Mauá

— pelo Rei Salomão, por John Rockefeller, Inácio de Loyola, Allan Kardec e por Lourenço Prado. Basta para você?

Obviamente, eles dispensam apresentação, porém, gostaria de falar algo sobre Lourenço Prado por ser, pelo menos entre os terráqueos, um nome não tão conhecido. O escritor nasceu em Jaú, no interior do Estado de São Paulo, e viveu no período de 1893 a 1945. Seus livros mais conhecidos e lidos são *Alegria e Triunfo* e *Equilíbrio e Recompensa*. Pasmem! Lourenço Prado escreveu suas obras nas primeiras décadas do século passado, em um clima de pessimismo que assolava o planeta e que culminou em duas guerras mundiais. Esses livros continuam atualíssimos e muito lidos hoje em dia — principalmente *Alegria e Triunfo* — por esotéricos, pelos adeptos da espiritualidade e da metafísica moderna, com ideias como as que fundamentaram o movimento da Nova Era, surgido nos Estados Unidos.

Apenas para mencionar, o *best-seller O Segredo*, que virou filme, explora exatamente o discurso dele, ou seja, o poder da mente, do pensamento, do subconsciente, enfim, das crenças segundo as quais você é o que acredita ser.

Leia algumas citações de Lourenço Prado:

"Sendo apenas uma força sem direção, vossa mente subconsciente executa as ordens sem fazer objeção."

"Aquilo que realmente acreditais — e o que dizeis que credes — manifestais em vossa vida exterior."

"Se tiverdes vossa faculdade imaginativa educada para imaginar somente o bem, realizareis em vossa vida 'todo desejo justo de vosso coração': saúde, riqueza, amor, amigos, expressão perfeita de vós mesmos, enfim, vossos ideais mais elevados."

Para minha felicidade, o livro *Alegria e Triunfo* "caiu" em minhas mãos por indicação do Luiz Gasparetto durante um programa de rádio, no final da década de 1980, ocasião em que eu zanzava feito um zumbi pelas ruas de São Paulo, carente de espiritualidade e de amor-próprio, saboreando uma depressão *à la carte* na luxuosa companhia, às vezes, da síndrome do pânico.

Virou meu livro de cabeceira nas décadas seguintes. Ora, enquanto eu andava em direção à Rua da Consolação, ele fez-me guinar 180 graus em direção ao Paraíso... Sabe aquela ordem do comandante aos seus soldados: "Meia volta, volver"?

Pena que você, leitor, não tem o áudio. Para mim, o que me acrescentou e me enriqueceu muito, além dos ensinamentos, foi a certeza da mediunidade e da vida após a morte por um simples detalhe: a voz do Gasparetto quando incorporado. Eu tive absoluta certeza de que os personagens, como o Rei Salomão, por exemplo, com aquela voz imponente, estavam ali. Eu não via o médium, mas o próprio Rei Salomão em carne e osso. Pude sentir como a energia do ambiente mudava de acordo com o palestrante. Não raro, era transportado para a época em que eles estiveram aqui na matéria. Que coisa fantástica e emocionante é a mediunidade!

A serenidade da voz e o acentuado sotaque espanhol de Inácio de Loyola me emocionaram bastante. Tenho muito apreço por esse jesuíta expoente da contrarreforma, devido à minha formação cristã-católica. No catolicismo, ele é tido como um santo.

Ficou-me muito marcado quando John Rockefeller disse, com forte sotaque americano, principalmente nas palavras com "r": "Estou aprendendo português com Mauá, porque *no próximo* reencarnação quero nascer no Brasil, porque não sou bobo".

Um agradecimento especial ao Mauá por reunir esse grupo da pesada e ao Luiz Gasparetto por nos proporcionar esta preciosidade.

Boa leitura.

Lúcio Morigi

MAUÁ

Fora do espírito não há sucesso. Sucesso é espiritualidade. Qualquer sucesso acontece porque o espírito consegue manifestar-se na perfeição, no fluxo do universo. A corrente do universo é expansão e sucesso. Sua prosperidade depende de você entrar nesse fluxo. É preciso que ocorram transformações de dentro para fora. É necessário ter disposição de rever, de se refazer, de se remodelar, de se aperfeiçoar na consciência de estar no espírito e assumir a herança que você tem. A herança divina, a herança de recursos infinitos de sucesso, de transformação positiva e de expansão. É **preciso deixar de lado o que você é e se tornar aquilo que, em espírito, precisa ser, assumindo sua herança, sua família, seu nome, seus direitos e seu título.**

No fundo, sentimos essa necessidade, mas ainda nos prendemos à ingenuidade. Cada um que se melhora, melhora tudo à sua volta. Há que se trabalhar, porém, nem todos estão prontos para dar espaço ao fluxo. A experiência e a vivência são fundamentais para que chegue o momento em que você tenha toda a compreensão e a boa vontade para escolher entre o que deve deixar de lado e o que deve permanecer em sua vida. Isso provará que você é um vencedor, e seus esforços despertarão a confiança daqueles que querem ajudá-lo, de pessoas que jamais dão pérolas aos porcos e nunca perdem tempo.

É preciso deixar o velho ir embora e começar a sintonizar-se com o novo, com o melhor, com o maior que já mora em você, para que adquira outra força, outra expressão. Você tem de estar no centro do seu espírito maior, do seu Eu superior, para canalizar as realizações na execução da sombra e aprender a dominar seus recursos em prol do seu sucesso.

Você e o mundo

Até hoje, o mundo exerceu uma força sobre você, mas há que se inverter essa relação para que você exerça uma força sobre o mundo. Até o momento, você viveu as influências das situações externas, mas hoje é você quem vai influenciar o externo. Até hoje, você foi uma criança ingênua, contudo, vai agir como adulto agora. **Não é o mundo quem me faz, sou eu quem faz o mundo. Eu sou um espírito eterno, eu sou a vida. Eu sou eterno.** Eu transformo meus veículos e vou transformar agora os veículos de minha capacidade, os veículos de minha materialização.

É preciso levantar-se e sair da lama da negatividade que você absorveu, para dar espaço e assumir a grandeza que mora em você. Eu quero falar com você, que pensa que é normal e que foi moldado pelas impressões dos outros, para que não se esconda mais lá atrás. É a sua vez. **Não são as coisas que você obtém que são importantes, mas sim o poder de obter as coisas que você deseja.** O que está aí dentro e que lhe pertence é o que precisa dar as ordens e falar mais alto.

A pessoa que está aí é aquela que se acha limitada e incapaz. Eu não quero essa pessoa, e você também não deve querê-la, porque a verdade é que você, em espírito, não tem limite. Você é puro poder. Espírito é vida, e você é vida pura, substância básica do universo que nunca desaparecerá, e tem que deixar essa ideia de que pode parecer pretensão. Ninguém está sendo pretensioso. Você só está, modestamente, assumindo a grandeza da criação em si. **Chega de se curvar, chega de obedecer, chega de se adaptar. É o mundo que tem de entrar na sua e não você que tem de entrar na do mundo, pois assim corre o risco de falhar consigo.** Acredite que você não veio aqui para trazer a paz. Veio para trazer a revolução, agitação. Você é a vida que não para. Como poderá parar? Paz é fluir na harmonia, é fluir nas leis, jamais parar. Diga: "Nesta estrada eu vou sozinho. Eu não levo filho, não levo marido, não levo irmão, não levo a empregada nem o cachorro. Na minha estrada, eu vou sozinho. Quem vier junto é porque está se esforçando para me acompanhar".

Se você começar a diluir sua força no mundo, não alcançará seus objetivos. Você perderá tempo, não atingirá seus objetivos e se sentirá frustrado. Essa é uma viagem que se faz sozinho, isto é, independente. **Você está pronto para ser independente?**

Você está pronto para soltar os ganchos que o seguram e seguir sem que os outros lhe sejam empecilhos, o perturbem? Ou você tem se dispersado e se consumido? Ou está se frustrando porque o outro não tem o mesmo ritmo que você? O outro está no caminho dele. Ele tem o direito de levar o tempo que quiser, assim como você teve o direito de levar o tempo que quis. Mas, na hora de tomar o trem do sucesso, você vai ter de viajar sozinho, e se alguém for com você é porque também merece estar no trem, pois caso contrário não o acompanhará. Não se pode servir a dois senhores. Ou você segue seus objetivos ou não. Se não o fizer, nunca chegará a lugar algum. **Para atingir suas metas, é preciso estar desprendido dos outros.** Os outros interferem porque você permite que eles interfiram. A energia deles confunde sua vida, confunde seus objetivos, e é você quem tem de pagar o preço.

Ninguém mais no mundo será obstáculo para você. Quer ou não quer? Se quiser, pague o preço. Quem quer vai; não desiste. Você precisa do seu total apoio positivo, de sua energia e educar seus poderes para atingir seus objetivos.

Jamais comente com os outros a respeito de seu trabalho interior. Quando você conta algo, enfraquece o processo, e a energia dos outros interfere nisso. E, depois, as coisas se complicam no meio do caminho e não dão resultado. Não ajude os outros sem antes estar no lugar ao qual almeja. Não tem nenhum mistério, porém, feche a boca. Guarde a energia para o que você está fazendo, pois, se não estiver seguro, os outros vão influenciá-lo. Não deixe que a energia seja atenuada, não porque haja algum mistério, mas tenha a consciência de não querer deixá-la se dispersar. Você é o dono da coisa. Não estou proibindo-o, só estou avisando-o. Não faça. Você está se concentrando nos objetivos que precisa aprender. Assim, você terá as condições mínimas para obter resultados positivos. Não sei quanto, porém, se mantiver as condições mínimas, eles aparecerão.

Sou um espírito de luz

Primeiro passo fundamental: levantar-se por dentro. Dilua toda ideia errada sobre você. **Diga: "Eu sou um espírito de luz procurando aprender a lidar com alguns sentimentos íntimos".** Não sei lidar com tudo ainda, mas sou um espírito de luz. Espírito não se explica, apenas é. Eu sou um espírito de luz; não sou um ser imperfeito. Absorva no seu corpo, absorva sua energia, absorva seu espírito. Eu sou um espírito de luz, lúcido, perfeito, poderosíssimo e, mesmo que ainda não esteja em contato com isso e esteja envolto nas ilusões, vou me desembaraçar delas.

Suba para o grandioso Eu. Vá àquele que lhe foi proibido, que foi chamado de arrogante. Vá ao superior, ao absolutamente superior. Saia de baixo. Fique lá em cima. Atinja o Eu poder, o Eu supremo em você. Eu sou puro poder e vida, por isso, o melhor já é meu, que sou grandioso. E se uma coisa grandiosa me fez é porque sou grandioso. Não há outro tamanho. Quem é grande não realiza nada que seja pequeno; só faz grandes realizações. Sinta o grande. Sinta, sinta. Entre nessa energia. Parece que você está incorporando um santo. É o seu Eu superior. Parece que está "recebendo" um mentor de luz, contudo, é somente você lá em cima. Sinta isso.

Muitas vezes, você sentiu isso na vida, mas não se atentou. Talvez pensou que fosse uma entidade, que fosse só um momento, porém, não reparou corretamente. E eu quero que você repare agora. Aquele lá em cima, que é só poder, não precisa saber de tudo, contudo, Ele sabe que sabe de tudo. Mesmo sem ter consciência de tudo, Ele vê as coisas.

Só acontecerá se for do seu jeito, que é o jeito do seu espírito. Só digerimos o grande quando nos tornamos grandes. O grande mora em nós.

Suba até onde o seu Eu grande mora. Deixe para lá as ideias de humildade, as ideias erradas a respeito do assunto, que não passam de negatividade e que o colocam em uma situação em que você não pode usar todos os recursos disponíveis. Vá: "EU, EU GRAAAANDE". Até que comece a se sentir confortável de estar assim. Esse é o seu natural. Nunca se curve! Eu não obedeço a ninguém e a nada. Eu estou aqui no meu poder supremo. Coopero, entendo, participo, porém, não obedeço. Eu não me curvo, não desço. Não quero ser igual aos outros e descer. Não desço. Só vou se for do meu jeito. **A primeira grande coisa do milionário é saber que precisa ser do jeito dele.** Todos os ricos, não importa de que área sejam, sabem que as coisas têm de ser do jeito deles e não cedem. Perder é perder e acabar na mediocridade. Essa lição você já conhece. Suba. Não ouça os falatórios. Não ouça os comentários negativos que você já ouviu. **As coisas dão certo na sua vida, quando você assume a direção e faz do seu jeito.** Não é isso? Você tem isso na vivência. Então, vamos lá! Esse eu que realiza é o EU grande. Eu estou no EU grande. Vou bancar o EU grande. Não vou me seduzir a fazer o modesto para os outros. Não sou acessível; só quando sou. Não sou bom; só quando sou. Não sou paciente; só quando sou, e nunca sei o que vou ser.

Espírito é espontaneidade e não planos. Os mesquinhos e pequenininhos é que fazem planos e mapas. O Ser supremo que mora em você não faz mapa. Cria a cada momento, transcende a cada momento, inventa, é genial. Todas as vezes em que você foi genial, foi assim que agiu. Você já viveu isso, não foi? Não sabe nem de onde saiu. Você está aqui para ser genial. **Você é um gênio. Assuma. Você é único, fonte viva de vida, inexplicavelmente genial.**

Você não precisa explicar o que faz. Quem se explica perde tempo. Faça, aconteça, brilhe! Não se explique e dê muita risada, porque tudo isso é muito engraçado. Os cretinos até se assustam. Deixar de ser cretino é aceitar com naturalidade as suas diferenças. Eu quero que você se diferencie mais e mais dos outros. **Destaque-se, diferencie-se, faça tudo ao contrário do que lhe ensinaram.**

Eu sou mesmo muito diferente, e essa é a minha vantagem, porque eu sou eu e não tenho explicação. Sou grandioso e gosto das coisas grandiosas, bonitas. Sou um espírito de luz, de um bem imenso. Não aceito mais nenhuma coisa negativa associada ao meu Eu.

Explicar-se não é um ato de modéstia, é relaxamento. É uma ilusão que lhe tira a consciência. Como você pode ser responsável, se não está consciente do seu poder? Seu EU maior só quer e só faz o melhor em uma dimensão que sua cabeça ainda não entende. Não se trata do melhor que a cabeça pensa, e sim do melhor do espírito. **Não há nada que escape ao espírito. E quando você age nele, nem sabe que agiu daquela forma.** As pessoas perguntam: "Puxa! Você fez aquilo?", "Nossa! Você sabia disso?". Não, eu não sabia de nada. Eu fui fazendo. "Poxa, mas deu tudo certo! Você sabia. Não é possível!". Eu, mente, não sabia, mas meu espírito me levou, e eu fiz certo porque ele sabia. Não foi assim que aconteceu com você? Confie em si mesmo!

Todas as coisas maravilhosas e os melhores momentos de sua vida se deram quando você ficou louco e confiou em si e não ouviu ninguém. Eu não o estou seduzindo. Estou falando daquilo que você já viveu e que, embora queira, não sabe repetir.

Só quero chamar sua atenção, porque você já tem tudo, já viveu tudo, mas não tomou consciência e não sabe repetir esses eventos e essas sensações.

Isso significa que você pode perder o contato com o espírito e viver na miséria, na pequenez, porém, tudo o que você faz é grande. Não se conforme. Revolte-se. Não aceite onde o puseram.

Volte para sua casa, para o lugar onde Deus o colocou quando o criou, quando pôs em você todos os elementos que Ele queria que estivessem juntos e quando a força criadora o idealizou. Aquela é a sua casa, não com os homens cretinos. Seja severo com o negativo e seja bondoso consigo. Você é o maior tesouro que possui, é um grande espírito. É uma honra quando você está onde seu espírito também está. É uma honra para qualquer um a sua presença. Traga, de fato, sua presença para si. Ela tem que se tornar completa. Esteja em si, aja em si, crie em si o que o espírito tem para criar e, acima de tudo, ganhe nessa experiência o poder de estar em si, de não se confundir, de não ser perturbado pelas correntes do mundo. Você está só, mas este *só* é pleno de uma grandeza muito saudável que, se se expandir, criará laços extraordinários com as pessoas.

É o grande espírito, o olhar de luz que mora aí dentro, que torna funcional tudo o que você toca, pois tem a força divina da funcionalidade. Tudo o que você toca vira ouro. Tudo o que você toca caminha com a grandeza das forças cósmicas, porque você está nas forças cósmicas. O impossível acontece, e os momentos transcendem de uma forma tão mágica e inexplicável que você nem sabe como daqui foi parar lá, mas tudo fica ótimo e é isso o que conta. Aí você vai

25

ter consciência de que tem uma coisa maravilhosa em si.

Eu nasci com uma estrela maravilhosa. Nasci com uma coisa incrível que hoje eu sei e assumo. Eu tenho isso comigo, e não é para poucos. Sinto muito pelos que não chegaram lá. Cada um chegará à sua hora. Eu cheguei na minha. Outros chegaram antes de mim.

Como é ser essa outra pessoa, mais conectada ao espírito, sem aquela que entra na sintonia do mundo? Não vamos deixar o trabalho para depois, vamos começar agora. Eu sou um espírito de luz. E como um espírito de luz se sente? Sou o espírito do poder, sou o espírito da vida. Como é o espírito da vida? Ele nem pensa. Como ele se sente? Emane, se assuma! Abra o caminho para ele passar.

Não se dobre, você não é comum

Vamos! Beba da sua própria fonte. Jamais beba da fonte de alguém. Abra caminho para que a fonte verta cheia, inesgotável. Ela é inesgotável de poder, força e vida. Diga: "Sou mesmo!". É daí que vem o ânimo, a força, a coragem. Não sou mais um ser comum, cansado. Tenho uma fonte em mim, o resto é detalhe. A consciência de que você possui uma fonte vai acioná-la. Estou abrindo todas as portas interiores para minha fonte de vida: entusiasmo, luz, poder e confiança. Eu confio nessa fonte. **Eu só confio nessa fonte em mim, que sou eu. Não cedo a ninguém.** Eu estou nisso, e isso não exige que eu ceda; exige que eu me levante. Não exige que eu me dobre; exige que eu fique firme. Não sou acessível. Sou aquele que traz o possível. Interessa-me o possível e não o acessível. O que é o possível? É o fluxo do poder visível. E nessa força eu mando. Quando estou assim, eu sei tudo. E, para qualquer pessoa, é um fenômeno natural do espírito saber de tudo. Não há nada de excepcional nisso. Não há nada de pretensão. É assim que funciona. E já funcionou muitas vezes em você, que não sabia explicar o que acontecia, mas sabia que estava certo. **O espírito provoca a lucidez, tira você da confusão e o faz sair do comum.** Repita: "Eu não sou comum". Eu não me esforço para parecer igual aos outros, pois assim estarei castrando minha força poderosa. E se eu a castrar, ela não fluirá, e as coisas não andarão. **Não faço questão nenhuma de que os outros me aceitem, que achem isso, que achem nada.**

Meu negócio é fazer minhas coisas funcionarem. Quero funcionar e não me adaptar. Estou investindo em mim para que dê certo, não para que os outros me achem certo. Quero realizar coisas. A fraqueza é essa: o mundo exerce uma pressão, você perde o contato com seu espírito e aí as coisas vão para baixo. É por isso que você fica nos altos e baixos, e as coisas nunca deslancham, no entanto, quando você consegue retomar esse contato, tudo começa a melhorar.

Nada disso quer dizer que eu não seja flexível para aprender e transformar as coisas que são necessárias, desde que a inteligência me leve a um resultado e que não seja uma exigência do mundo. Fale: "Não obedeço a ninguém. Não sigo nada, só meu espírito. Tudo o que preciso saber meu espírito me traz pronto na cabeça. Eu não penso. É o espírito quem pensa por mim e a inspiração vem. A inspiração vem e, às vezes, até explode o coração: "Nossa, que lindo!".

Você é o sustentáculo, o tripé do espírito. Deixe-o vir. Seu destino é assumi-lo completamente no corpo físico e no corpo astral. Você é apenas a parte que ajuda o espírito. "Sede perfeitos como o vosso Pai que está nos céus"[1]. É isso que estou querendo dizer-lhe. Já existe aí. Afine-se e identifique-se como já fez muitas vezes e não percebeu.

---

1 Mt 5:48.

O segredo está em não se igualar aos outros, em rejeitar o mundo nesse sentido e procurar sua diferença. Diga: "Agora, eu garanto em mim espaço para ser muito diferente. Morre aqui aquele que estava fazendo 'média'. Nasce aquele que sustenta o EU maior: MEU ESPÍRITO".

Este momento pode ser tão sagrado quanto você o fizer agora, e só você pode sagrar este momento. Pode matar ou dar vida ao que quiser na sua existência, porque você é o espírito. Não é vítima das circunstâncias, mas aquele que faz as circunstâncias. Você é o verbo, a luz e a consciência. Jogue fora tudo o que o cansou e não tolere mais rastejar. Agora sim! Você está vendo o que o espírito é. Está querendo devorar o mundo. Há uma grande fera aí dentro. O espírito não é bonzinho, não é molinho. É vida intensa, garra, fera, poder, soberania, altivez, certeza absoluta de força. Relaxe... Relaxe...

Não faça força

Você está acostumado a fazer muita força, contudo, pode muito bem estar na consciência plena do espírito, relaxado, senhor de si. Diga: "Neste instante, eu, em espírito, não acredito mais em empecilhos e obstáculos. Tudo isso são só ideias do mundo medíocre. Eu, espírito, faço, aconteço, realizo e a cada dia vou dar meu verbo ao poder do espírito e botar toda a luz do espírito em minha sombra, em meu corpo, até que ele tome todos os espaços interiores". E assim passo a exercer todos os dons que ele tem. Não só um momento ou outro melhora em minha vida, mas o dia todo e todo dia.

É por isso que algo tem que deixar espaço aí. Algo tem que morrer para que outro venha. Partes precisam ser perdidas para que novas sejam construídas, mas a notícia é boa! Quanto mais você estiver em si, mais o mundo será seu no sentido de que ele o obedece. Fale: "As circunstâncias me obedecem, os caminhos da vida me obedecem, o dinheiro me obedece, as energias criadoras me obedecem, a inteligência universal me serve. O fluxo infinito da criatividade está ansioso para cooperar comigo. O dinheiro me procura para que eu o multiplique e o transforme. As riquezas querem minha mão para se expandirem. Minha consciência quer minha mão para melhorar, e minha inteligência para renovar, seja qual for a forma de riqueza que meu espírito goste de abraçar".

Desde a ciência do conhecimento, desde as obras de arte, até as realizações menores, até as realizações sociais, econômicas, políticas, todas elas têm significado, importância em nossa vida, e cada um de nós tem tendência a certas habilidades. **Riqueza significa assumir seu destino.** Se o princípio criador construiu determinadas tendências, vocações, qualidades, determinados dons específicos em nós, ele também prescreveu que certas coisas são para nós e outras não. Ele prescreveu também que em determinadas áreas nosso espírito pode ir longe, porque tem os elementos para isso. Em outras áreas, o espírito pode não ter se desenvolvido, mas há outros espíritos que conseguiram se desenvolver nelas. Seja qual for sua riqueza, ela já está determinada pelos dons que a criação pôs aí, e por isso cada um tem o seu caminho. **Você não será um sucesso em tudo. Você será um sucesso sendo você, e isso será tudo.** Todo resto vem por isso. Comova-se com seus dons. Reverencie seus dons, porque neles está seu destino. Seu destino jamais está fora deles. Esse é o propósito de ser único, e esse é o propósito de ser você, de ser diferente de todos os outros.

Percebeu? Quando a verdade fala, tem outro movimento, não tem? Tira aquela casca, não é? Saem a casca, as prisões, os grilhões, as ilusões presas na mediocridade da vida, que obscurecem o campo de existência que você é e onde o espírito quer se manifestar. Quanto mais varremos essas ilusões, mais o espírito se manifesta pelo espírito com todas as condições de que falei.

Você é especial e está em um momento especial de sua vida, porque está prestes a fazer o que lhe foi dito. O universo está trabalhando a seu favor neste exato instante, para que isso se forme mais rápido e aconteça com você.

Exercício de prosperidade – O espírito do dinheiro

Vamos fazer um exercício. Já que estamos tratando de prosperidade, pegue uma cédula de valor significativo, de 50 ou de 100 reais. É claro que a nota pela nota não tem o menor valor. Agora, olhe para esse pedaço de papel e perceba que é só um papel. Mas você não o vê como se fosse só um papel, não é? Porque nesse papel você enxerga algo que transcende: o espírito do papel. E o que é o espírito desse papel? Não é o que ele significa. Ele é poder, valor. Quando você enxerga esse poder e valor, o espírito o vê comprando roupas, casas, carros, viagens, joias, pagando médico, tudo o que o sustenta. O espírito também vê como ele organiza as trocas, como ele organiza o trabalho, os valores das pessoas. Tudo isso representa o espírito do dinheiro. Eu não quero o dinheiro; eu quero o espírito do dinheiro. Entre em contato com ele. Ele está na nota que está na sua mão. A maior invenção do espírito é sua solidificação. É o retrato do seu espírito. Se você não se comunicar com o espírito dele, não poderá participar da corrente que o espírito do dinheiro proporciona. Quanta coisa é o espírito! É o espírito do dinheiro que precisa ser visto. Segurando a nota, você está no fluxo dele. Está com ele. Ele é seu, mas não a nota. É o espírito que é. Sinta o espírito do dinheiro, que é uma criação do espírito de todos os seres humanos, do poder que pode até mandar em nossas vidas. Às vezes, chegamos a nos desesperar por ele, mas agora ele será seu amigo. Seu espírito do dinheiro se familiarizará com seu espírito maior. O espírito do dinheiro está na cédula, porque o espírito superior humano criou esse instrumento para que as pessoas pudessem fazer trocas. Não há maior representação sólida divina do que isso. É o puro poder de fazer, é o puro poder de ser. Portanto, é preciso que você sinta isso e deixe para trás as velhas ideias a respeito da nota. A nota não é nada, contudo, é um grande meio de se conseguir tudo.

Não é pelo dinheiro que lutamos, e sim pelo que ele pode nos proporcionar. Pelo que podemos fazer e viver se ele estiver presente. É

assim para você e para o mundo inteiro. Nesse fluxo, há a realização de centenas de sonhos seus. Não é o dinheiro, mas aonde ele o leva. Não é essa nota que passa de mão em mão; é o espírito dela que possibilita levá-lo a viver e a sentir. Se você ama e abraça esse espírito, ele o abraça também, porque você passa a conhecê-lo pelo lado mais nobre, e ele gosta de estar em quem sabe viver esse poder e aprecia o que ele faz. Ele aprecia quem o reconhece. Você não vai atrás de quem não gosta de você, vai? Vai atrás de quem o conhece e o reconhece, de quem o ama, não é isso? Ele também. Então, sinta o espírito do dinheiro. Você não precisa guardá-lo para tê-lo. Precisa amá-lo para viver, e amá-lo não é mesquinharia. É o reconhecimento de como esse espírito é lindo, de como ele proporciona coisas absolutamente fantásticas para nossas conquistas como encarnados. É um guia, é um amigo fundamental, e eu não sou contra essa amizade. Acho que ninguém é, não é verdade? Quem não quer um amigo desses acompanhando-o? A materialidade não me impressiona, mas sim o espírito do meu amigo.

Receba-o com reverência. Diga: "Eu recebo em minha aura esse espírito que está aqui na Terra, essa coisa extraordinária de possibilidades que é o espírito do dinheiro. Eu me abro para as possibilidades, que são muito bem-vindas na minha vida. Espírito das possibilidades, seja bem-vindo à minha a vida, para me ajudar em meus projetos e em minhas construções, nas experiências e nas vivências que quero ter em minha caminhada. Estou aberto para isso. Espírito das possibilidades, das respostas, dos encontros, dos acertos, dos bons negócios, das boas chances, das oportunidades, das grandes inspirações, dos grandes acontecimentos que transformam e que melhoram minha vida, abençoe-me! Leve-me com você!".

Ele adora ser levado e existe para viver conosco. Ele adora estar conosco, produzindo-nos o melhor. Esse é o objetivo. Tudo no universo e na vida trabalha pelo nosso progresso. Tudo acontece no sentido de ser o melhor para a gente. A vida é uma eterna possibilidade.

Sinta essa força! Sinta a presença do espírito! Sinta essa corrente! Sinta essa energia que é quase física, elétrica! É o anjo da possibilidade. É uma força extraordinária em nós que, em vida, eu aprendi a me ligar sem a menor consciência do que estava fazendo e, quando me desliguei, me danei. Você, melhor do que eu, está tendo consciência dessa força neste instante e, ao contrário de mim, permanecerá sempre ligado a ela.

INÁCIO DE LOYOLA

Em minha passagem terrena — que já faz muito tempo —, eu estava na Igreja Católica fazendo a espiritualização de pessoas que, naquela época, eram muito materialistas. Os papas eram guerreiros, muito fora da cristandade, então, comecei com esse negócio de seminário, de treinamento. Criei regras para que, quando uma pessoa chegasse a se tornar papa, tivesse um caminho de espiritualidade, e até hoje eles se utilizam dessas regras. É claro que naquele tempo foi um trabalho dentro do contexto histórico da época, mas a intenção do espírito era sempre dar àquele povo o conhecimento, de acordo com seu entendimento. Aí, fizeram-me santo. Engraçado, não é? Isso é coisa deles. O homem tem essa mania de pôr pessoas lá em cima, de endeusá-las. Você não, né? Porque quem cria deuses cria demônios também. Pessoas assim são muito perigosas. Elas estão com Deus, o resto é demônio, o que é muito perigoso.

Mas a verdade é que sempre me interessei pelos fenômenos espirituais, pelos fenômenos do processo de nossa evolução e, sempre que tenho oportunidade, participo de muitas coisas, levando o que tenho aprendido sobre o homem e sobre o processo que, na verdade, é uma transformação da estrutura da mente, da maneira de a pessoa estar dentro de si.

Cabeça ou mente e espírito

Não é só a mente que vai mudar, mas também o modo como a pessoa está dentro dela é como mudará as coisas. Como vai ficando esperta, lúcida, consciente, vendo tudo. Muitos já começam a ver coisas em que nunca repararam. Muitos que nunca viram nada e que agora se espantam ao ver como está isso, como a cabeça, muitas vezes, está louca e desequilibrada.

Você precisa acalmar a cabeça, pois já está em um estágio que lhe permite compreender, perceber a mente, conhecer aos poucos as propriedades dela e como usá-la. **Quando a mente começa a se abrir, vem o espírito. O espírito é espaço, é poder, é o que faz tudo, é fluxo. Tudo nele anda. Não é você quem faz, mas sim o espírito.** Absolutamente tudo é o espírito. A cabeça diz que é você quem tem de fazer, mas na hora "H" quem faz é o espírito, porque toda situação no ambiente você nunca sente. O corpo é que toca o mundo, não você. **Dentro, você é consciência, é espírito.** Você pensa em alguma coisa, faz alguma coisa, passa para o corpo, e o corpo passa para o mundo. Você nunca toca o mundo, por isso, tudo é uma fantasia. Na verdade, você está aí dentro com a mente para pensar e com seu arbítrio para escolher.

O corpo traz impressões do que ele chama de fora e, você as recebe dentro, como minhas palavras que está lendo, e sente o ambiente. O corpo age de acordo com a mente. **O corpo segue a mente. Pessoas cujas mentes só ligam para porcaria só atraem porcaria. Se a pessoa liga para coisas bonitas, para o belo, as coisas belas vêm.** O corpo também se comporta de acordo com você. Então, é uma ilusão que o mundo lá fora seja uma coisa fixa. Não é. **A única coisa fixa que existe aí é você, o seu "eu". Isso é fixo e eterno.**

As coisas estão muito agitadas, mudando, e tudo sempre depende de algo. Mas a vida é assim? Depende. Diga sempre: "Depende". Faça confusão. A cabeça quer ter certeza, porém, não dê certeza a ela. Deixe-a confusa: "Não, tudo depende".

A cabeça quer fazer assim, mas não é assim. Depende. Você tem de fazer a cabeça pensar:

"Não, depende". Tudo depende de como a situação está, depende de como estou. Em um dia parece assim, em outro é diferente. Há dias em que você olha para aquela blusa e diz: "Não quero essa blusa. Acho que vou doá-la". No outro dia, no entanto, você sai correndo para pegá-la porque não consegue ficar sem ela, pois a viu de uma perspectiva diferente. Nós somos assim. Em um dia, a comida nos dá nojo, no outro, nos desperta o apetite. Tudo depende. Há dias em que queremos um doce; em outros, enjoamos. Há gente, contudo, que nunca enjoa. É assim que somos. Essa é a verdade.

A verdade é muito melhor que aquilo em que a cabeça aprendeu a pensar. A verdade é maravilhosa; a cabeça é mesquinha e pequena. Como nos desprendemos disso? Nós queremos abundância, coisa bonita, não é? Queremos as coisas boas da vida e com toda a razão, porque o que é bom é bom.

Então, é preciso fazer a cabeça deixar para trás o que aprendeu de mesquinharias. Assim, ela vai largando conceitos e condicionamentos, as coisas vão se mostrando diferentes, e você começa se sentir melhor na vida. Para conseguirmos fazer isso, nós temos de pensar que a cabeça é sempre muito mesquinha, enrugadinha como uva-passa, bem apertadinha como o dinheirinho na bolsa da velhinha. O espírito, não. **O espírito quer tudo grande, amplo, belo. Ele quer aventura.**

Você tem de olhar para a cabeça com certa arte, compreensão e compaixão, porque ela sempre esteve à mercê do mundo, e só agora você começou a lidar com ela. Coitadinha! Ela sempre esteve aí no mundo, e as coisas entravam nela. Só agora você começou a aprender que isso não pode ficar assim, que é preciso fazer alguma coisa por ela. E isso é muito bom, porque significa que você está despertando para a cabeça. Isso é um progresso, e agora você pode fazer a diferença. Não pode permitir que entre qualquer coisa nela, sem critério. **Você começará a ser uma pessoa não impressionável.** A cabeça acredita que você é impressionável, mas não é. Foi ela quem aprendeu a ser. Sua tendência é acreditar no que a cabeça lhe diz, e ela insistirá: "Lembra-se daquilo?". Fará esse jogo, inventará um monte de coisas e até buscará provas. A cabeça tem advogado e o levará ao tribunal. Ela tem argumentos tão fortes que você perderá. É muito teimosa, porque é uma cabeça forte. É mesquinha, mas é forte. Ela faz campanha: "Eu sou forte, eu venço"; e sua tendência é aceitar e votar nela. Você não é impressionável, e sua cabeça não é forte. Fale isso: "Minha mente não é forte. É fraquinha, molinha". Ela ficará perdida, assustada. Pode ver! Veja só como a cabeça não é nada do que fala, mas ela o faz acreditar que é. Você, no entanto, é espírito agora. "Não!", ela diz. "É mentira!". E você retruca: "Eu não sou assim, cabeça. Não sou o que você pensa que sou. Você é muito pequenina, uma criança estúpida e burra". Continue esse exercício, e você começará a ver com o espírito.

Olhar com os olhos do espírito é ter outra consciência. Continue: "Cabeça, você quer que eu acredite, mas é mentira. Você não nasceu para me dizer o que é a verdade; nasceu para mentir. Eu sou o espírito e digo a verdade; você deforma tudo porque escuta os outros. Não sou o que você está falando. Você é frágil. O espírito é forte e eterno".

Sinta como ela perde força. Diga: "Não precisa tentar. Eu estou aqui, e a verdade é que sou uma pessoa não impressionável. Tudo o que você fala de mim é mentira. Você é falsa com essa imagem. Pare!".

Como você se sente quando fala isso para a cabeça? Ela quer uma função, então, diga: "Agora não tenho nenhuma. Cale a boca! Fique aí embaixo! Quietinha! Agora, eu sou espírito. Quem diz o que é verdade sou eu. A verdade é que não sou impressionável. Você entendeu? Nunca fui impressionável. Isso é tapeação sua. Você entrou na dos outros, mas eu nunca entrei". Percebeu como foi ela que entrou na dos outros e que você nunca saiu daí? Você não entrou; foi a mente que entrou.

Você não entende ainda, mas a mente o faz sentir que é ela, mas não é. Você é espírito, e isso é muito importante para a libertação. É sempre o mesmo jogo porque você está sempre no mesmo astral da mente. Ela está sempre confusa, e você confundido com ela. Com isso, você não consegue sentir o espírito, trabalhar com ele e fazer uma vida boa. Então, primeiramente, é preciso tirar a confusão. Diga assim para ela: "Não sou teimoso. Minha verdade é que fluo e não sou teimoso como você. Mudo sem nunca deixar de ser eu mesmo". Pronto! Ela já está mudando. Não a deixe fazer o que quiser, porque você está lúcido e tem de passar por muita prosperidade, muita coisa boa. Todas as forças do espírito têm de passar por você. **Você não pode ficar confuso, perder tempo, pensar como a mente quer. O espírito pode.**

Exercício

Façamos uma coisa muito importante, porque isso produzirá uma grande diferença na sua vida e na sua prosperidade. Eleve-se e sinta que está no espírito. Não dê bola para a mente. Eu sou um espírito muito grande, que irá até as paredes da casa. Todo mundo que conheço está depois das paredes. Entre mim e todas as pessoas há um buraco imenso, um vazio, que é meu espírito. Todo mundo está lá, existindo normalmente, mas está lá. Aqui não há mais ninguém, só eu. Não tenho nada a ver com aquelas pessoas que estão lá fora. Não tenho nada a ver com as coisas, com os sentimentos, com a vida delas. Depois das paredes, tudo é do outro.

Faça isso, não apenas visualizando, mas sentindo. Consegue perceber como não sente mais as perturbações da cabeça? A mente engana, mente. Sempre que surgirem perturbações, diga: "Não! Está tudo lá fora. Não sinto nada por ninguém e por nada. Essas coisas não fazem diferença para mim, porque estão lá fora. Nós conversamos, interagimos, tudo mais, mas lá fora. Não há nada e ninguém dentro de mim".

A mente é assim. Ela puxa tudo para si e reduz o espaço espiritual, e, quando esse espaço é reduzido, tudo vem para cima e gruda. **A mente foi treinada para absorver tudo do outro.** Então, você diz não, e o outro não. O outro está depois das paredes, depois do buraco vazio. Sinta o espaço vazio. Sinta sua individualidade espiritual. Veja que nesse espaço está tudo quietinho, fresquinho. É um espaço gostoso. É um espaço onde você nunca viveu. Hoje, você está vivendo nele pela primeira vez.

Tudo era mentira da mente, que o levava a uma experiência do jeito que ela fazia. Agora, contudo, você está fazendo do jeito do espírito. É outra realidade, outra sensação. **Tudo que é o EU espírito é muito bom. Eu não sou o "eu" da mente. Sou o EU espírito.** Quando você ficar só com seu espírito, ficará como eu; você se tornará sereno. Não tem mais aflição ou reencarnação. É muito bom ser sereno.

Tudo existe, mas a gente se sente muito bem, independentemente da mente, porque a mente vem perturbar, movimentar alguma coisa. Saia! Vá para o espírito e pronto! Tudo acaba serenando. Você precisa experimentar a serenidade. **Não deixe a mente maluca desgastá-lo, perturbar sua visão das coisas e fazê-lo sofrer inutilmente.**

Vamos! Diga: "Eu não sou o que você, mente, falou. Você disse muita coisa ruim sobre mim. Coisas que não sou. Fique quietinha! Eu sou espírito. Você está dizendo que tem coisa lá, mas não tem, viu? Porque tudo é espírito".

A mente interfere na questão de mérito, na questão de poder ter, porque é mesquinha e acha que você tem que ter isso e não ter aquilo. Ela fica insistindo que a coisa é difícil, que é impossível, e você acredita que tudo é realmente tumultuado e entra na energia. O espírito não consegue prevalecer e precisa fazer muita força para obter as coisas. É preciso ajudar o espírito para prosperar e ser sereno. **Fique na serenidade para experimentar algo muito bonito que acende o poder espiritual.**

Tudo o que vejo por onde ando é que o mundo todo só quer me dar coisas boas, só bênçãos. Todo mundo é bondoso. Vamos, pense para despertar o fluxo da abundância. Em todos os lugares há gente educada, boa, que quer me dar a mão. Aonde quer que eu vá há pessoas querendo me ajudar. Neste país, há muita coisa boa para mim. Em todos os lugares do mundo há coisas boas para mim: gente feliz querendo me amar, fazer parte da minha vida, de minhas ideias, cooperando, querendo me dar dinheiro, me dar tudo. Há muita gente dizendo: 'Nossa, como eu queria ser você!'. Em todos os lugares há oportunidades para mim, há pessoas me oferecendo coisas. Só há felicidade nesta cidade. Todo mundo é tão bom para mim que eu penso bem de todo mundo. Não faço nada, e as pessoas gostam de mim. Eu sou assim mesmo, e todo mundo me ama".

A providência

Sentiu como é gostoso estar assim? Esse é o fluxo da abundância, da providência. **Quando você está nesse espírito, está no fluxo da providência.** Isso é muito bom e faz tudo andar bonito, porque está em outro fluxo enquanto a mente está quietinha. Ela tem outra versão do mundo, mas essa versão não o interessa mais. Já criou muita dificuldade, muita falta, muita encrenca, muita guerra, porque quer competir com seu espírito. A mente diz que é assim, assado, é cheia de defesas. Diga: "Não preciso de defesa, porque sou tranquilo. Todo mundo gosta de mim, e isso é espontâneo. Todo mundo é bom pra mim; há tanta coisa boa para mim, me esperando, pronta para vir. Nossa, quanta coisa! Há tanta gente para facilitar, e a mente não vai me dar essa fotografia velha, porque já a troquei". Por isso, não penso mais como a cabeça, penso como espírito".

A cabeça tem tantos medos, tanta coisa ruim, mas o espírito não, e você agora está expondo o espírito. Agora, você está fluindo, e as coisas boas estão começando a aparecer. Se você se desvia desse pensamento por causa do que as pessoas falam, mande a cabeça ficar quietinha. Não é para concordar com isso porque não é espírito.

A providência está desesperada, tadinha, porque há muita oportunidade para você, pois não há pessoas para serem canais dela, e ela vem lhe pedir hoje: "Por favor, abra a porta, pois preciso levar progresso para a humanidade. A humanidade está presa nas mentes negativas e fica sofrendo, e eu não posso fazer as coisas boas andarem. Então, eu queria que você acreditasse em mim, que optasse por esse grande bem. Você tem isso no coração e no espírito. Abra o espírito".

Nunca pense com a cabeça que vê problema. Não há nenhum problema. Tudo está querendo cooperar. **Você já acreditou muito na mente; agora passe a acreditar no espírito. O espírito é generoso, grande.**

Nesse espaço entre você e as paredes há muita generosidade e muita luz. Com a leitura, percebeu como se abriu uma luz de felicidade interior? Percebeu que tudo é uma bênção, tudo é uma coisa linda, e que você também é? Sinta que coisa abundante. Deixe fluir. Você já está fazendo um trabalho profundo de prosperidade. Essa energia tocará as pessoas com as quais você convive, e elas amolecerão, tornando-se melhores para você. A vida também encontrará os caminhos pelo bem, pelo melhor, porque você gosta do melhor. **É preciso vibrar o melhor para trazer o melhor**, e o melhor é seu espírito. E é assim que as cascas mentais vão se desfazendo, abrindo espaço para o espírito se manifestar e para a providência penetrar. Saia da mesquinhez da mente e seja generoso. Não goste de nada pequeno. Não goste de muito cuidado. **A certeza é um fenômeno do espírito e não da mente. A mente nunca tem certeza nem se satisfaz.**

Beatitude

Por mais que você faça o serviço, a mente sempre fala, opina. Você não pode ir atrás da conversa dela, senão, o espírito nunca será alimentado. A verdadeira natureza do ser humano é a espiritual. No meu tempo, chamavam-na de beatitude. Beatitude é o ato do bem. Beato é aquele que tem o ato do bem no espírito e não aquela pessoa religiosa. Beato é uma posição interior de bondade, de luz, de uma coisa muito boa que faz muito bem. O espírito é assim: do bem, do belo, do melhor.

Perceba como a mente ficou pequenininha, não? Onde está ela? Olhe para o lado para ver se ainda a vê. A mente ficou meio estranha, acuada, assustada, mas continua lhe dizendo: "Você vai ficar louco". Tudo o que ela não controla, ela diz: "Vai ficar louco". Então, rebata: "Você é muito mesquinha, sempre pensa o pior! Você não me ajuda no melhor".

A mente sempre cria dificuldade porque é apertadinha, limitada, pequenininha. Nós queremos ir rápido, e ela fica nos segurando. Precisamos nos soltar dela. Eu só penso no bem. Agora estou olhando para minha vida. Meus negócios, minha carreira, meu dinheiro, minha vida emocional estão lá fora, depois das paredes. Agora estou olhando e dizendo assim: "A porta está aberta. Quanta coisa boa está entrando! Não há nenhum problema na minha vida. Minha mente não está aqui para arranjar algum. Minha vida é só bênção. Quantos caminhos que não conheço apareceram de repente! Quantos recursos de que não fazia nem ideia de que existiam meu espírito trouxe! Ele me guia no amanhã, e eu, à medida que confio, fico sereno. Ele me leva para a frente como tantas vezes fez e me traz até aqui. E eu vou sempre para a frente porque mudo".

E assim vão se desamarrando todas as resistências. A mente cheia de medos trabalha contra a prosperidade. Toda aquela conversa de que você é pequeno, que é incapaz, que não merece, é tudo bobagem dela. Ela é mesquinha, só pensa maldade. **Não entre nisso. Vá para o espírito que tem tudo de melhor para você, ainda mais agora que você abriu a porta.**

A generosidade da vida

Abriu a porta, entre. Não entrou? Não é assim a verdade da vida? Por que aquele bandido tem tudo? Porque abriu a porta e você não, pois tem uma mente pequena, acanhada, muito ignorante. O outro é bandido, mas é próspero. Então, por que você também não pode? Não existe diferença. É só abrir a porta. Tudo vem para ele, que diz: "Tenho sorte". Não, é porque o espírito dele tem beatitude, e para ele tudo dá certo. Ele não pensa em nada; ele vai. Como não tem a cabeça acanhada intrometendo-se, o espírito vai levando-o. "Ah, mas ele pegou tudo dos outros". Não! Os outros não pegaram porque eram pequenininhos, não porque ele era egoísta. "É sempre a minoria com todo o poder". Não! É porque o resto é ignorante, pequeno, então não pode ter. No entanto, se abrir também entra. **A vida não está impedindo ninguém de nada.** São as pessoas, em sua ignorância, que impedem. Aí querem tirar do rico para dar ao pobre. E assim vai tudo por água abaixo. Chamam isso de socialismo. Encher o pobre de regalias dá nisso; ele não trabalha mais. Agora, se a pessoa é próspera, ela faz muito com pouco e pode ter mais tempo. Mesquinho é burro, e por isso tem de trabalhar mais tempo. Por isso tudo vai se tornando pobre. **Na pobreza, não há a verdade do espírito, porque não está dando bons resultados.** É só compreensão errada, mesquinha. Por que o outro tem e eu não? Porque você é mesquinho, e ele não.

Se você tem as coisas, uma situação melhor, e olha para o pobre que está aí na vida, com uma porção de oportunidades, vê que ele é ignorante. Você percebe que está fazendo, está indo, mas que ele é ignorante e não vê que também pode fazer. Oferecem-lhe isso, ele não quer; oferecem-lhe alfabetização, ele não quer. Só tem cobiça desmedida para o tamanho de sua capacidade. Ele precisa aprender a valorizar sua condição para poder ter. Ter todo mundo pode, se tiver a cabeça aberta, afinal, há pobre que muda tudo, não? Isso mostra que ele fez. Se um fez, todos podem fazer, não é verdade?

Quando a pessoa se abre, se dá uma força e faz direitinho suas coisas, ela vai adiante.

Não se misturar

Ora, por que vamos corromper a verdade? O espírito vê tudo claro. Então, é preciso abrir a mente para sair da mesquinharia. Não comente, aí na cabeça, a situação dos parentes, dos vizinhos, do governo, da sociedade, da religião. Tudo isso está lá fora. Não faça nenhum comentário que não seja generoso. Não somos bobos de ver que certas coisas estão sendo feitas de um jeito, contudo, não comente isso na cabeça. É lá fora. Minha coisa é aqui e vou fazê-la. Não quero saber daquilo. Não quero ligar para um universo que não seja o meu. Minha realidade vai andar com minhas coisas e não com as do governo. Se cada um fosse mais consciente, não haveria um governo assim. Todo mundo fica aí em sintonia com os pensamentos negativos, mas na hora "H" ninguém age e só deixa o astral pior. Não vou entrar nessa. Isso é coisa da mente escandalosa, dramática, que aumenta o negativo, irritando-me e fazendo-me sentir impotente por não poder mudar.

Nessa condição de impotência, de vítima, você perde a noção do espírito, do poder, da

coragem, do crer que tudo é bom, e seu progresso depende disso. O espírito não pode trabalhar nesse clima, então, não seja mais um a cair no falatório. Já há muita gente fazendo isso; não precisa de mais um. Assim, vamos sair dessa, porque queremos um destino diferente para nós e para o país. Portanto, não façamos parte dessa panela. Isso não significa que não possamos falar nada. É que não queremos nos misturar. Mauá falou sobre não comentar seu trabalho interior com os outros para não diluí-lo. Não é que não possamos contar — porque não há nada de misterioso —; a questão é: não devemos misturar a energia de todo mundo, pois isso acaba virando uma salada e impedindo o espírito de agir. É preciso preservar a integridade que ainda é fraca em você. Relembrando: todo mundo está depois das paredes. Quando nós queremos receber alguém, escolhemos permitir ou não entrar na integridade. **Para prosperar, você precisa de liberdade energética; não pode estar envolvido nas coisas de todo mundo.** Todo mundo é mesquinho, confuso, tem problemas. Se você se mantiver nessa frequência, como irá para a frente? É evidente que estamos convivendo com as pessoas. Não podemos matá-las, mas você pode escolher ser influenciado ou não por elas, isto é, estar ou não na mesma frequência energética dessas pessoas. Isso é ser próspero.

O indivíduo próspero pode estar rodeado de muitas pessoas ajudando-o, fazendo, ter muitos empregados, mas está em outra frequência. E é por isso que tudo dele caminha. Ele não precisa ser culto, não precisa ser nada, nem mesmo um grande profissional. Ele tem o espírito esperto e está em outra frequência. O conhecimento que tem em sua área pode ser importante para habilitá--lo, mas a prosperidade não precisa de diploma. Ele está na frequência da generosidade. Não perde tempo falando mal das pessoas e não se incomoda muito com os outros.

Se o outro sofre, é preciso ter clareza de que ele está sofrendo, não eu. Isso não é um mal, mas também não quer dizer que você não possa prestar alguma assistência. Apenas não sofra junto, fique sereno. Não perturbe sua energia com o problema do outro. Filho, marido, esposa, mãe, você pode ajudá-los, mas fique na sua frequência.

O espírito não é a cabeça. Você não está nervoso; é a cabeça que está. Não tem ansiedade; é a cabeça que tem. Você é uma pessoa muito calma, sem pressa, porque o espírito é assim. Se tem tudo na mão, para quê correr? As coisas vão procurá-lo em casa.

54

A mesquinharia da cabeça acha que você tem de fazer esforço porque tudo é difícil. Não foi isso que você aprendeu? Então, deixe a cabeça mesquinha de lado e fique no espírito, porque quem tem problemas é ela, não você. Não estou falando do mundo material, mas do mundo espiritual, que é muitíssimo mais forte. Diga: "O mundo espiritual me ama. Aquela pessoa que tem sorte é amada pelo mundo". Todo mundo tem sede desse amor verdadeiro, que não é o amor do parceiro ou da parceira, é o amor universal. Há várias formas de amor, e nós achamos que uma pessoa nos dará todas. Isso não existe. Então, pegue do universo: "O universo me ama". **Eu sou meu espírito muito amado e sou generoso, uma vez que o universo é generoso comigo. Tudo está muito fácil.** Fique nesse espírito e perceba como a mente deixará de fazer perguntas cretinas. Se ela lhe fizer perguntas, não responda, porque a mente quer garantia. Acontece alguma coisinha, e já vem ela: "Ih, vai dar tudo errado". Não pode ser como ela pensa, pois aí sim as coisas darão errado. Em seu espírito diga: "Nada será como minha cabeça pensa. No espírito tudo é diferente e autêntico. Até as coisas que acontecerão comigo não são imagináveis".

Quantas coisas aconteceram com você? Coisas que você nem poderia imaginar? O espírito é assim. Pare de imaginar que vai tudo certinho conforme a cabeça pensou e não do jeito do espírito. Ela entenderá que você fracassou. Fracassou coisa nenhuma! Na visão do espírito, você está aprendendo, vendo, sentindo, experimentando. Como ela é pequena! Insista: "Eu não sou essa pessoa de quem você está falando. Não tenho esse passado que você conta. Se não calar essa boca, vou largá-la em um cantinho. Pare de me encher o saco! Só se for de dinheiro. Aí pode!".

Cura, solução, bênção

Seu espírito é só abundância, solução e bênção. Ele multiplica tudo o que é bom. Sintonize essa frequência, a frequência espiritual. Enquanto a mente ainda está se desenvolvendo, o espírito já é. Você só precisa criar espaço para ele se manifestar. Criar espaço é mandar tudo o que for da cabeça mesquinha para fora, para depois das paredes.

O que cura a mente não é terapia, mas a espiritualidade, porque o espírito bota ordem onde entra. O espírito é pura ordem. Ele entra com a verdade onde há mentira. Nada pode dar certo onde há mentira. A mente gosta de dúvidas, mas não existem dúvidas na verdade. Na verdade, é ou não é, sei ou não sei, sinto ou não sinto. A mente considera-se inteligente e já começa a fazer questionamentos. É uma tática para ver se você ilude sua própria mente. Não é preciso, é só dizer: "Fique quietinha! Cale a boca, pois estou de olho! O que não é, não é".

Com a entrada do espírito, também se processam as curas. Você precisa de cura. Muito tempo com a mente intoxicada pode tê-lo machucado em muitos níveis: no afetivo, no mental, no físico. Pare a mente, e as coisas começarão a andar. **Quando você não anda é porque está andando, pois a mente cede espaço para o espírito agir.**

A mente diz que não tem solução para algo e que está certa, porque para ela realmente não há mesmo solução. Para você, no entanto, há. A mente diz que não tem cura, não tem jeito, que tudo é muito complicado, e eu quero que você perceba essa grande diferença. A mente é uma coisa; você, com seu espírito, é outra. **No espírito tudo tem jeito, solução, e nada é complicado.**

A cabeça não pode mais dar as ordens. E se ela der, você precisa desobedecê-la, desacreditá-la e mandá-la calar a boca. O espírito tem que tomar posse. **Mais cedo ou mais tarde, a mente morrerá, mudará, pois ela se nutre de ilusões.**

Você e seu espírito, contudo, são eternos, uma vez que se alimentam de verdades.

Quando você fica do lado da mente teimosa e dramática, que traz muitos questionamentos, tende a acreditar que tem muitos problemas e acaba perdendo a fé na bênção. Parece-lhe que as bênçãos nunca chegam e que tudo é muito confuso, difícil, indissolúvel. É aí que você corta o fluxo da prosperidade, que é uma característica do espírito. Repita: "Eu não sou teimoso; a cabeça que é. Não sou triste; a cabeça que é. Não sou preocupado; a cabeça que é. Não tenho pressa de nada; é a cabeça que tem. Não tenho medo de nada; é a cabeça que fica inventando tragédias. Não preciso de nada; é a cabeça que fica inventando que preciso. O que eu precisar virá. Eu sou o poder e também o verbo que faz existir".

Como é bom quando sentimos que nada é como a cabeça falou que era! A impressão que temos é a de que, finalmente, estamos no lugar e no caminho certos, de volta para casa. Impressão, não! É a verdade, porque estamos em nosso espírito, que é a nossa casa eterna junto com o Criador, que o fez assim. A casa onde a paz, a abundância, a prosperidade e a providência divina habitam.

Nesse estado elevado, que é o estado natural do espírito, fale: "Eu sou espírito, uma pessoa rica de tantas coisas boas. O mundo me ama muito. Todas as forças me amam e gostam de mim assim. Não vou mais ficar confuso e também não quero mais pensar como os outros. Vou pela minha maneira que é única, generosa. Vou com a certeza do 'tudo de bom', dinâmico, no fluxo do meu espírito, que tem tudo de que preciso e precisarei amanhã, que nem faço ideia do que seja. Vêm a mim as melhores coisas materiais, sucesso no trabalho, nos relacionamentos, na saúde, no dinheiro. Nessa calma, tudo vai andando, vai chegando, nada me falta, porque ter a abundância das coisas boas é a vontade do espírito em mim".

JOHN ROCKEFELLER

É um prazer estar aqui com vocês, habituando-me às condições de alma penada. Não é assim que vocês chamam os desencarnados que se encostam? (risos).

Minha última vida foi premiada de muitas aventuras extraordinárias. Pude realizar grandes conquistas para meu país e para as pessoas, mas, dentre as obras na economia, no desenvolvimento do mundo, o que mais interessa é exatamente o que você planta na mente. **O maior tesouro é o que você deixa em função de criar novos tesouros. As sementes são mais que as obras.** No meu caso, acredito que plantei uma ideia que transformou meu país e a mentalidade dele.

O sonho

Um dia, descobri que o que mais vale para um ser humano é o quanto ele acredita em seu

sonho. Eu criei o sonho americano, a ideia de que é preciso ter um objetivo para que as forças criadoras que estão em você, em seu espírito, possam seguir em função de algo. Todos os esforços têm de ir para o sonho. Os sonhos não são simples fantasias, cópias dos outros, porque cada espírito tem seu próprio destino. Não é um destino fixado por alguma inteligência divina. É o destino fixado pelos atributos que nos compõem em espírito.

Cada um de nós tem atributos, dons, qualidades — pressupondo que no futuro faremos uso deles —, e a partir desse conjunto característico presente em cada um se forma na alma um sonho que, na verdade, é a antecipação daquilo aonde o espírito quer chegar, daquilo que foi feito para chegar e que tem tudo para chegar. **Se a pessoa permanece firme nesse propósito, nesse sonho, tudo trabalha para essa realização.**

Qual é seu sonho? No meio da vida, às vezes, você o perde. Acha que meia dúzia de coisas já é bom demais? Acha que sua energia não sabe o que fazer? Quando você não confia no seu espírito e tem medo do amanhã, fica parado na zona de conforto porque tem medo de arriscar tudo. E isso acontece porque você não está no canal do seu espírito.

O espírito nos comunica com nosso sonho, e é preciso sonhar. Se você quiser realizar-se é preciso sentir, no fundo, o que é esse sonho seu. É preciso largar a pessoa comum acostumada a pensar que a vida é assim, que as coisas são difíceis, que sua situação não lhe permite fazer algo, que as coisas não são assim, que o mercado de trabalho não é assim, que a economia não é assim, que as leis não são assim. As circunstâncias mandam, então, você não escuta o espírito nem o sonho dele e, dessa forma, vive angustiado, frustrado, sem saber exatamente o porquê.

Às vezes, experimentamos isso pela primeira vez na juventude ou antes, na infância. Sentimos lampejos de anseios extraordinários, mas, ao longo do caminho, seguimos os condicionamentos como vacas indo para o matadouro e não nos lembramos mais disso. Apagamos e nos acomodamos em um mundo que dizemos ser o possível. Então, daí para frente, o espírito se vê frustrado, sem poder agir, porque você, que é a porta, se fechou e não se deu o apoio devido.

Hoje, estou aqui para salvá-lo da sua vida comum, da sua zona de conforto, da sua acomodação, da sua barriga grande e perna curta. Salvá-lo de ser uma pessoa comum, insatisfeita e que não é honesta consigo mesma. Lá dentro, você quer mais. Mas tem coragem de entrar em contato com aquilo mesmo? Aquilo que queria nesta vida, sem ficar pensando se é ou não possível? Seu espírito é grandioso, coletivo. Vamos acordar essa múmia! Vamos ressuscitar esse fluxo! **Você não pode viver sem ambição. Não importa em que área, ambição é motivação.** Os recursos são criados dependendo dessa energia que flui em sua aura, em suas mãos, em seus olhos, em seu pensamento, em seu desejo, em seu xixi. Tudo tem a força do espírito, mas você precisa conectá-lo e pegar o sonho. É preciso sonhar com a alma. **É preciso acreditar novamente no sonho, que é sempre uma loucura.**

Você precisa sair da "fila das vacas" e encontrar seu caminho de espírito. Você tem coisas que podem contribuir com este país neste momento da história. Não importa o tamanho; importa a legítima contribuição do seu espírito. É possível que sua vida não tenha graça ou que todos esses cursos que possui não sirvam para nada, que sejam só conversa.

Onde está seu sonho? Volte à adolescência para buscá-lo, quando você estava mais lúcido. Onde foi parar aquele sonho? Como ele era? Como era aquele sentimento antes de achar que tudo na vida era ter um emprego, uma esposa e um filho? Lá, muito antes de ter entrado na "fila das vacas". Como era seu sonho quando se via frustrado, quando o mundo dizia não e você se escondia em um canto e imaginava, sonhava e prometia? "Quando eu crescer, quando puder, eu vou". "Eu quero muito, do fundo de minha alma", dizia. Você se perguntava onde queria tocar, para onde queria mudar, em que castelo iria morar? O castelo está no espírito. O que você quer? Com que seu espírito sonha? É preciso ter uma sensação clara, uma visão clara de tudo que vem do fundo do seu espírito. Não há realidade. Tudo que parece ser é bobagem. Não há nada lá fora. Tudo é a gente aqui, tudo é espírito, tudo é movimento. Você é uma máquina poderosa. Vamos! Sinta. Você consegue perceber seu sonho? Eu preciso de um sonho. Onde está meu sonho? Fui tão realista, disciplinei-me em certas porcarias e acabei me esquecendo do sonho, da força que me move. Vai fazer o quê amanhã? Vai morrer velho? Onde está o sonho? **Sem sonho nós estamos mortos.**

Não é só o que quero da vida, mas o que está dentro de mim. Não é se a vida quer ou não quer, se pode ou não pode, se é possível ou impossível. Isso não interessa. É o que está aqui dentro de mim que importa. Aqui dentro ficou adormecido devido a uma porção de problemas. Dá até medo de olhar. Se eu olhar para ele, ele vai esculhambar tudo, e eu vou arrebentar tudo com um pedaço de pau. Você tem medo da coisa. Muita gente tem, porque é muito grande. É muito impossível. Você não se deixou acreditar nem deu oportunidade para seu espírito. Ele vai trabalhar para trazer para você as condições, mas você precisa se pôr assim: "Eu aceito essa verdade em mim, que me traz alegria, me estimula. É assim que sinto minha inspiração, meu poema. Meu sonho são meus olhos, meu sonho são meus pés. **Meu sonho é meu caminho. Eu sou o amanhã, e tanta gente se beneficia do meu sonho"**.

Seu sonho é imenso, e sem ele você não é nada. É um saco vazio, uma coisa que só trabalha o dia inteiro para pagar contas, para ver televisão, para comer arroz e feijão. Parece galinha que fica o dia inteiro se alimentando. Que só se alimenta e defeca. Nós somos mais que isso; somos espíritos. Somos uma bomba de energia de motivação interna que não se escuta.

Quando seu espírito sonha, ele se movimenta. Quando ele se movimenta, seus poderes se movimentam em você e em volta de você e, quando tudo isso se move, o universo se expande.

A expansão do universo é mantida por bilhões e bilhões de almas, seres e espíritos divinos que se movem no propósito do espírito, e tudo, assim, vai crescendo, andando no tempo. As estruturas cósmicas em todas as dimensões caminham pelo impulso do espírito. A matéria fica suspensa, presa pelo espírito. A Terra está presa pelo espírito que são as leis cósmicas. Tudo está preso no espírito e caminha quando o espírito caminha. Vamos caminhar, vamos entrar em contato com seu sonho. Eu acredito nele. Não sei como vão acontecendo as coisas; só vou indo. Não tenho na consciência os acontecimentos, mas a inconsciência tem. O espírito vai aliviando, vai fazendo, e as coisas vão acontecendo pouco a pouco ou rapidamente, porém, eu sei para onde vou. Se será hoje ou amanhã, não sei, mas eu vou.

É preciso que você entre no fluxo do "vou", senão, as correntes que você está fazendo ficarão paradas. "Ah, não deu certo pôr o dinheiro lá". O dinheiro dará certo se você entrar no fluxo do espírito.

Eu sempre estive no "vou". Morri velho, mas nunca parei. Coloquei todos os filhos para trabalhar, mas nunca parei. Só no caixão. Ainda sim, só por dois ou três dias. Depois, fiquei de pé e comecei a trabalhar. Assim que cheguei ao astral, comecei a conhecer coisas, despertar, vi tudo, me adaptei e analisei a extensão do que tinha feito. Eu gostei. Imediatamente, fui solicitado e me coloquei à disposição. Há pouco, recebi este convite do Mauá para ajudar o Brasil. Fora do curso, estamos aqui influenciando pessoas nesse sentido. Na hora do curso, estou aqui, mas depois continuo trabalhando, influenciando a economia brasileira, ajudando os grandes homens e as mulheres deste país para segurarem essa situação: inspirar, orientar, ver. Isso é o que estamos fazendo. Aproveitei e peguei esta boquinha no curso. Vamos lá assistir, porque tem gente que gosta de ouvir desencarnado. Então, vamos experimentar.

E seu sonho? Como ele é? Quero ver esse brilho do sonho em você. Precisamos acender isso hoje. Como vamos fazer? Você tem sonho? Então, sinta-o. Sinta o perfume do espírito, porque ele vem com o sonho, com uma energia boa, com uma coisa gostosa.

O sonho não é feito de mente. "Ah, o que eu quero?", e fica imaginando. Isso não é sonho. O sonho vem do centro que sente. O que é espetacular para você? O sentimento vem de dentro, e o corpo sente. Vem do sentimento e não da imaginação. "Não, porque eu queria montar uma loja, porque queria fazer isso, fazer aquilo...". O sonho não é isso.

Quando você sente, tem um sabor tão seu, uma coisa tão sua, e aí entra naquilo como se já estivesse acontecido. Então, você já se vê naquela situação e percebe como é bom para si. Eu fiquei famoso com isso. O sonho é único, não imita ninguém. Às vezes, você tem dificuldade para ver bem claro porque é único. Antes de mim, no meu país, não existia nada disso.

O trabalho

Na minha época, inventei tanta coisa no caminho, na situação em que se encontrava meu país, pois havia muita coisa que não se fazia na economia. Fomos inventando conforme a situação até chegarmos a algo que nunca ninguém vira. Eu tinha de decidir e não perguntava para ninguém. Escutava, porque a gente finge que concorda, mas na hora "H" só escutava meu sonho.

Aí, fazia algo que surpreendia, e aquilo dava certo porque eu sentia que meu espírito sabia. Eu não me aconselhava com as pessoas; aconselhava-me comigo. Depois, compreendi que precisava atingir a sociedade e comecei a fazer uma série de serviços sociais, de benefícios. Eu criei isso lá nos Estados Unidos. Não queria ajudar porque não gosto de caridade. Gosto de gente que, como eu, trabalha. Então, eu só ajudava as universidades, fazia escolas, fazia aquilo que achava que precisava ser feito, como instituições de desenvolvimento da cultura do conhecimento, da habilidade, do potencial do ser humano. Não queria saber de pobre. O Brasil gosta de pobre. Lá nos Estados Unidos não gostamos de pobre. Pobreza é ruim. **A vida é muito rica para você ficar pobre.** Isso é vagabundice. Há tanta chance de fazer tudo, como, então, vai pedir para o outro em um país tão rico como este? Lá nos Estados Unidos, as pessoas gostam de quem faz. Aqui é diferente. Pobre é quem tem direito. Está tudo errado esse negócio de socialismo. Tudo acabará caindo. O governo se encherá de dívidas, explorará meia dúzia e sucumbirá. Vocês assistirão a isso, porque o sistema está errado. O país faz dessa forma e está todo complicado. A Europa também. Trabalham pouco e já querem a aposentadoria. De onde vão tirar todo esse dinheiro para tantos aposentados? Da pequena classe que trabalha? O homem precisa trabalhar, inclusive quando está velho. Por quê não? Não é digno? Aposentar-se para fazer mais um vagabundo?

Aposto que você já está se perguntando quando que se acomodará, não é? Você vai morrer. O país precisa de trabalho, de criação. Vida precisa de vida, e trabalho é vida. Tudo trabalha no corpo, tudo trabalha na natureza, tudo trabalha no universo. Quando você dorme, o corpo trabalha, então, por que você não pode trabalhar para a vida? Você quer estar vivo? Trabalhe. Tudo trabalha, senão, enferruja, envelhece. Ponha para funcionar que tudo dura e se renova. Que coisa horrível é ser dependente!

Como dizia, criei o benefício social porque achei que precisava, mas nunca gostei de caridade, de vagabundice. Se a pessoa não sabe, sempre encontra alguém que a ensine. Há muita gente boa, mas o outro não tem humildade para aprender. Pelo menos os melhores gostam de ensinar, mas não veem boa vontade, então são desestimulados a ensinar.

Você não é vagabundo, é? Não vai ficar velho, né? Ai, como é bom encontrar um grupo bom de trabalhadores! Quem quer crescer, melhorar, tem que tirar a ideia da aposentadoria. Acabe uma coisa e comece outra para ficar sempre novinho em folha, um brotinho, para manter tudo funcionando, sempre com um objetivo, com um sonho. A vida é feita de sonhos. O ser humano vive de sonhos, de objetivos, e aí tudo continua trabalhando no corpo, na mente, nas energias do ambiente.

Você é um marco, um ponto. Diga: "Eu acendo minha luz, eu acendo meu espírito que emana agora neste sonho. **Não quero ser nada, quero ser o que meu espírito quer que eu seja.** Não sou igual a ninguém; quero ir com o poder do espírito. Quero o que sinto no fundo de mim. Pequeno ou grande, não me interessa, não é problema meu. As condições vêm, a cabeça boa vem".

Quando você tem o espírito aceso, a cabeça boa vem, as ideias boas vêm, vem tudo claro, e você não entra na cabeça dos outros. Se já entrou, agora saia. É preciso sonhar e não perder seu sonho de vista. Tudo se tornará realidade e será surpreendente, porque, quando ele se torna real, você pensa que é uma coisa e é outra. É muito curioso. É muito mais que aquilo que você imaginou.

Eu também nunca imaginei, mas meu sonho tinha tanta força que meus filhos, meus sobrinhos, todos entraram na minha. Toda a grande família entrou, e todos ficaram milionários. Por que você não reencarnou lá? (risos). Foram e ainda são bilhões de negócios nos Estados Unidos e em outros países. Todos os familiares me seguiram, e até já virou moda lá: "Vamos reencarnar na família Rockefeller" (risos). O bom espírito consegue uma brecha. Ele nasce e já entra naquela máquina. Uma máquina maluca de gente que quer fazer e faz tudo. São milhões de negócios por dia.

Veja o que a linhagem vai deixando. Outros vêm atrás fazendo aquilo que você começou e segue. Uma vez que o bem começa, ele vai abrindo portas para uns e para outros. **Com seu sonho, você também vai abrindo portas para um monte de gente, e tudo caminha com você.** Você não pode ficar parado. Você não pode fracassar em sua missão na Terra. Precisa seguir seu sonho. Lembra-se dele quando você era jovem, criança? Lembra-se da beleza do que era aquilo em seu coração? Ficou lá atrás, né? Traga-o de volta. Traga em seu coração, em seu corpo. Recupere-se. Pense: "Não sei como será, mas agora sentirei isso novamente aqui no meu peito. Meu sonho traz em si meu potencial de realização". Isso é muito bom e quando acontece é uma explosão em mim. Parece que o "mim" saiu, que o "mim" é tudo aquilo, e meu "mim" cresce e nunca mais diminui. É um fenômeno do espírito que vai crescendo em realizações e mais realizações, e a cada realização ele cresce mais. Cada vez mais, ele pega a matéria e a domina, e você se torna uma coisa poderosa de tanta satisfação. É tudo o que você quer, não? A vida não tem sentido se não conseguirmos essas coisas.

Plantando a semente

Não podemos ficar nessa conversa dos homens. Dinheiro não é problema, é solução. Você não tem nenhum problema com ele, só tem solução. É tão bom ter a carteira cheia, porque, por onde você ande, tudo terá solução, não é mesmo? Quando você ficar milionário, vai acontecer como eu, que não tenho mais carteira. Na minha época, eu não tinha porque era muito conhecido. Quando eu chegava, o dinheiro vinha junto. Era só assinar o papel e já estava pago. Eu não mudei nada. Comia, fazia cocô, xixi, adorava ficar com meus netos. Eram tudo, meus netos e sobrinhos. Já fazia a cabeça deles desde criança, e por isso todos me seguiram. Então, traziam-nos para o avô rico, eu brincava com eles, e, desde pequenos, havia muita conversa. Eu fazia questão de que os trouxessem todos os domingos para que eu fizesse meu trabalho, enfiasse na cabeça deles sonhos e mais sonhos: "Você será grande, será mais que eu". Sugestionava: "Estou vendo. Você é uma criatura especial, o que quer fazer?". "Ah, eu quero voar de avião". "Que bonito! Então, vamos fazer uma companhia aérea". E foi assim que, com meu sobrinho, nasceu a Panamerica.

Plante e chame o espírito. Você precisa chamá-lo. Se você tem criança, chame-a de espírito. Não a deixe se perder. Plante aquela semente de que ela pode fazer: "Você terá um monte de aviões e cada dia andará em um". Eles gritavam de emoção. Eu dizia: "Olhe quantos carros você já tem! Agora terá aviões. Você nasceu para isso, eu vejo". Pronto! Contaminei. Morreu no meio dos aviões que comprou.

O espírito é grande, mas precisa de alimento. Tudo precisa de alimento para produzir. Puxe do espírito, vá, empenhe-se, comece nem que seja pequeno para poder puxar. Vá com o espírito. Aparece de tudo, e nós não sabemos o que vamos fazer, mas nessa hora é preciso nos apoiarmos no espírito, na confiança, e assim a coisa vem, porque tem aquela força que vibra. Você está com o espírito, e o espírito está com você. É preciso sonhar todos os dias e, quando acordar, já sentir o sonho: "Hoje vou dar um passo com esse sonho. Jamais me cansarei. Recomeçarei um milhão de vezes. Não há derrota no meu caminho e, se me puser lá embaixo, começo de novo, não tem jeito. Acho que Deus resolveu não me dar esse trabalho. Por que não tem jeito? Porque o espírito sempre ganha".

Não era o dinheiro que me interessava, mas o poder que está nele, de fazer tudo o que queria por meio das ideias do espírito que não acabavam de vir. Agora, vamos fazer isso, fazer aquilo, fazer o helicóptero, fazer tanta coisa que atraia mais riqueza. Mas, para atrair a riqueza de tudo, é preciso que você tenha essa postura. Só um espírito rico tem sonho. Por isso, faça como as crianças, porque elas se enchem de sonho, de força, e o espírito vai.

E quanto às crianças que só querem brincar, que não sabem nem o que vão ser? Criança saudável tem em mente quatro ou cinco coisas que deseja ser. Há aquelas que elas gostam mais porque nós alimentamos, estimulamos, e aquilo vai se formando, vai indo, vai que é uma beleza, e produz para a alegria dos pais e de todo mundo, que vê a contribuição daquele ser à família e ao social. Você não pode dizer para seu filho que algo, seja lá o que for, é difícil. Você não pode fazer o que seus pais fizeram, achar que tem muita luta. Não tem luta nenhuma. Tudo é atividade, tudo é muito interessante, tudo é uma brincadeira. Não pode haver drama. **O sonho passa por tudo sem sofrer, porque ele é mais forte que todo o resto.** E é isso que você tem que fazer.

Seu sonho tem que ser tão forte, tão real, ter tanto apoio a ponto de ele se tornar você. Não há escolha. Já está decidido pelo espírito. Agora, de que jeito isso acontecerá, as circunstâncias vão trabalhando, mas eu, aqui, já estou, já sou. Mexerei com isso de uma forma surpreendente. Farei uma coisa grande de maneira bonita nesse, naquele campo.

Eu quero saber do seu sonho. Sem ele não irei a lugar nenhum. A corrente do espírito ficará fraca, tudo ficará fraco, e nada irá para a frente. Portanto, como será isso? É preciso ter objetivo. Não qualquer um, mas o do espírito. Não é ilusão, porque na ilusão as pessoas só ficam pensando no que gostariam. Agora, se sentirem no fundo do espírito, já não será ilusão. Entendeu a diferença? "Ah, que eu gostaria... Poderia ser assim, assado...". Não tem envolvimento, não tem paixão, não está no sangue, na carne, não está no espírito.

O espírito é aventureiro

Você tem sonho? Então, sinta-o naturalmente dentro de si. Se no meio do caminho vierem mais, aceite-os. Os recursos vêm. No meio do caminho, nós aprendemos muita coisa. No começo, eu também fiz tanta coisa que nem sabia direito onde estava me metendo. Depois, percebi que tinha isso, tinha aquilo. Aprendi tudo rápido, mas sempre confiando na minha coisa. Aí, fui indo. Se não havia com quê, nós inventávamos, porque ninguém está preparado para tudo. A única coisa para a qual eu estava preparado era para qualquer coisa. E não importava se fosse conhecida ou desconhecida, por quê? Porque sou aventureiro. Você é aventureiro? Gosta de pegar um avião e sumir no mundo? Gosta de andar de camelo no deserto? **Quando somos aventureiros, sempre damos um jeito. E as surpresas não são empecilhos, são coisas agradáveis.** Esse é o espírito. Você acha que seu espírito, andando na eternidade, não é aventureiro? A vida é uma aventura. Ela vai porque sabe aonde chegará, mas no caminho há muita aventura. Não é sofrimento, é diversão. Ficar rico não é sofrer. Asseguro-lhe que, se ficar rico, você não sentirá dor (risos). Não é como ter um filho. Ter sucesso não dói. Ter as coisas, ficar feliz não faz mal. Não traz, no dia seguinte, motivo de choro. Isso é bobagem da pobreza e de vocês. É coisa que brasileiro trouxe. Em minha terra, não acreditam nessa história de que dinheiro não traz felicidade. Se não for feliz, isso é motivo para chorar. Felicidade só faz bem para o fígado, para o coração, para o bolso.

Todavia, eu já tinha essa filosofia da maçonaria, que traz a consciência da lei. Já era esperto. Vocês também têm leis aqui nesta casa. Então, pratiquem com mais consciência, com a cabeça e com o peito positivos. Ninguém resiste. Quem está mal é porque está negativo. Assim, fecha todos os caminhos. Acaba se acomodando devido à negatividade, então perde o espírito, perde o sonho e fica aí só comendo e defecando.

E o seu sonho, como está? Está pronto? Está no corpo? Case-se com seu sonho hoje. Ressuscite-o, porque ele é o objetivo do seu espírito, aonde você vai chegar. O como não interessa. Confie. **Se o espírito deu-lhe esse sonho é porque ele sabe como fará e dará um jeito.** Ele sabe do que você vai precisar. Ele trará o conselho, a ideia na hora certa. Você está vendo um filme, e o espírito o faz observar, perceber algo, porque aquilo tem a ver com seus negócios. É todo um exercício de vida. Ele não traz na mão; ele vai trabalhando com você em cada momento, tijolo por tijolo. Não é tipo "Deus dá". Isso não existe. O espírito trabalha e constantemente vai construindo com você. Então, mantenha acesa sua fé, e ele vai fazendo junto com você, vai ensinando, trazendo-lhe condições, despertando-lhe faculdades para fazer aquilo. Ele dá-lhe ideias estranhas, mas sempre certas. Ideias que ninguém fez, você faz e dará certo.

Sabe como é que é? O espírito é tudo. Você está agora na cabeça, não está muito com o espírito. Está nas coisas do senso comum, do povo. Seu espírito tem outro senso. Por isso ele faz esse sonho bonito. O espírito não faz porque é louco;

faz porque pode realizar, senão, não o faria. Eu sei disso. Depois que você começa a sonhar, vicia-se, porque faz um, vem outro, faz um vem outro e passa a adorar o jogo. E, quanto mais estiver aí, feliz, bonito, mais coisas vêm.

É preciso escutar o espírito e não as pessoas. Na minha época, as pessoas falavam que eu tinha de fazer assim ou assado. Eu ouvia o que estavam falando, mas, se não batesse com meu espírito, não as escutava. Elas diziam: "Porque as estatísticas estão mostrando". Eu lhes dava um sorriso, não dizia nada e falava que ia pensar. Quando, no entanto, uma pessoa começava a falar e algo batia aqui dentro, eu a chamava para conversar e dizia-lhe que fizesse o contrário. Quando ela falava, meu espírito percebia que era o oposto. E, como todo mundo sabia que eu era louco, ela aceitava. Rico também pode ser louco. Se fez sua riqueza, ele tem mais crédito. Ele é louco, mas fez muito dinheiro, então, é melhor escutá-lo.

Quando as pessoas conversam, opinam, de repente o espírito percebe que tem alguma coisa boa ali e dispara o alarme. Você já sentiu isso. Saiba que se trata de seu espírito falando. Não é para perguntar para o marido. Ele é uma besta (risos). Ele é um bom homem, mas é meio bobo e segue o que os outros dizem. Ele não escuta o próprio espírito. Você tem de perguntar para o espírito, precisa perguntar para alguém que ouve o espírito, pois, aí talvez, ele diga algo bom. Pessoas acostumadas com a mente da sociedade, com as convenções, não escutam o espírito. Pessoas assim não podem responder, mas nem precisam, porque a resposta vem do seu espírito. Vá no espírito, que está aceso na confiança, e ele dirá: "Preste atenção nisso, naquilo. Vou levá-lo para conhecer uma pessoa tal que faz isso". E de repente, nasce uma ideia, um negócio, algo que não havia sido pensado.

É assim. É pura aventura. Jogue fora essa vida que você fez na cabeça, que planejou. Tudo o que você planejou para esta semana e para frente é porcaria. Jogue fora e siga seu sonho, seu espírito. Durante a semana, preste atenção ao que seu espírito lhe dirá, ao que ele lhe mostrará. Se mantiver esse costume, como ele poderá fazer o trabalho? Você precisa sentir o trabalho dele. Ele conduzirá, não você. É preciso ouvir mais seu espírito e não os pensamentos bestas. O espírito fala de tudo dentro de nós. Há uma sensação boa, a sensação da verdade. O espírito fala por meio de sensações no corpo e dá as dicas do que fazer para obter sucesso. Não são os outros que falam. É preciso sentir claro esse contato para se sentir seguro. Faça e sentirá a prova e, ganhando, assim, cada vez mais confiança.

Você não sabe da jornada que seu espírito quer e onde ele o colocará amanhã. Não faça planos e veja o que seu espírito quer para si nesta semana. É preciso esse contato para poder acender a chama do sonho e sentir cada vez mais a confiança do seu orientador interior, que é algo diferente do que todo mundo diz. Totalmente diferente porque cada um tem um caminho.

Não confie em mais ninguém. Pode ouvir, mas não leve a sério. E só leve a sério se bater o sininho na sua cabeça, soando como verdade. Habitue-se a sentir que, na hora da decisão, seu espírito vem direto e não entra na conversa dos outros. A voz dele é clara.

É assim que você precisa caminhar para ser rico, para ter sucesso, para realizar seu sonho. Você não pode deixar-se contaminar pelo mundo. O mundo vai contaminando-o, e você acaba perdendo o espiritual, ficando na dos outros, perdendo tudo e acaba na miséria. Torna-se pequeno, insatisfeito, sem confiança, sem motivação e sem o poder de realizar coisas bonitas.

Diga: "Não tenho amanhã. Só tenho sonho. Sou puro sonho. Tenho aquela coisa lá no fundo de que eu gosto. Não sei como é o caminho, mas sei onde é. Está dentro de mim. Para onde vou? Já estou aqui. Eu não vou, porque já estou. É a vida que vai".

Não pense muito

Nunca fiquei preocupado em minha vida. Adorava dar risada dos problemas, por isso vivi muito. Não tinha drama. Tudo era um caminho de aventura e mistério. Adoro descobrir mistérios. Adoro as coisas que não sei, que vão aparecendo sem que eu saiba de onde. É bom agir sem saber o que está fazendo, sem muitos pensamentos, só no espírito. Sempre deu certo.

Tudo aquilo em que você pensa muito não dá certo. Aprendi isso logo na mocidade. Você pode observar bastante a situação, mas não pensar, porque, quando você pensa muito, se enche das dúvidas da mente e não da certeza do espírito. Se você observa com a mente calada, o espírito lhe diz tudo. Tem outra visão da mesma coisa. É isso que precisa ser feito. Tome cuidado como pensa. Quando surge determinada situação, fique parado só olhando, sem pensar, pois aí o espírito entra.

Quando a mente entra, o espírito sai. Quando o espírito entra, a mente sai. Um não convive com o outro. Quando ele entra, mostra todos os lados que a mente não vê, que as pessoas não veem. Quando você não tem certeza, não é coisa do espírito. É a mente interferindo. Não queira segurar. O trabalho do espírito é trabalho do espírito. Se estiver no espírito, ele fará algo. Se não estiver claro, fique quieto e espere a clareza, pois ela virá. Não queira correr na frente dele. Não precisa decidir. Ele trará na mão a decisão. Ele o faz sentir, então, você pegará o que ele está fazendo, sentirá e seguirá com aquilo como se fosse o secretário dele.

Sempre fui assim. Muito eu, muito esperto, mas sabia que tinha de ser humilde com meu espírito, porque essa estrela sempre me guiou em meus negócios. Eu ficava quieto, e ele me fazia ver tudo de uma hora para outra e aonde eu teria de ir. Comprei uma empresa que ninguém queria e depois ela começou a dar lucro, porque meu espírito a fez dar. E vendi uma empresa que estava boa, e ela não tardou a falir (risos). Eu encontrava outras formas de fazer o negócio mais barato. Tudo aparecia. A informação vinha na minha cabeça, porque eu não fazia força. Se isso funciona para mim e para tantos homens e tantas mulheres, por que não funcionaria para você? E não se trata também de uma situação muito desconhecida, pois já funcionou alguma vez para você. Talvez não tenha percebido que era isso.

Portanto, não se confunda. Se a confusão aparecer, pare e fique quieto no silêncio interior. Não aceite dúvidas. Deixe rolar, pois daí a pouco o espírito assimilará e tudo ficará claro. Não force. Com sabedoria e calma, espere e a solução virá. Não fique aflito, ansioso e preocupado como sua mãe. Não é assim que o melhor para sua cabeça funciona. Imagine se eu me preocupasse com tudo? Morreria, porque era muita coisa. Não é assim que se lida com a situação, porque, quanto mais crescemos, mais complexa a vida fica, e se você se preocupa, se acaba. Dessa maneira, ninguém pode crescer na vida. Se com uma empresa você se acaba, imagine com duzentas. A cabeça tem de funcionar diferente para que você alcance sucesso na vida. E você pode, pois já funcionou no ritmo que eu quero que reconheça, que é o ritmo do espírito. Reconheça o quanto o espírito já trabalhou por você e quantas vezes o escutou e foi tudo bem.

Acho que acendi a luz, não é? Acabou-se o defunto. Desenrolou-se a múmia. Qual é seu objetivo? Vamos acreditar nessa força que vem de dentro. Tenha muitos desejos. Não pare, não seja "simplesinho". Não seja humilde nem modesto. Queira, sonhe com seu espírito. Queira muito, pois, quanto mais você quiser, mais coisas acontecerão, mais obras fará e mais você movimentará a vida e o universo. **A ambição é importante. É a máquina do espírito que move o ser humano.** Todos os tipos de ambição são importantes. Há umas mais belas que outras, mas tudo é ambição. É preciso ambicionar para poder chegar, para poder criar, para trazer ao mundo da realidade tudo o que o espírito concebe. O espírito humano pode conceber e criar maravilhas, e você é o canal do espírito. Nunca mais tenha conversa de pobre. Tudo é possível no espírito. Fique com a paz.

REI SALOMÃO

É preciso encaixar, não é? Ainda não estou habituado com esta situação estranha de incorporar, de falar por meio de outro corpo (risos). Eu fui o Rei Salomão. Hoje sou só eu. Vocês não esperavam que, em três mil anos, eu ficasse só nisso, né? Também não sei por que fizeram tanta conversa com aquilo. Um reizinho de um pequeno povo que teve a sorte de fazer um livro que desfrutou de um grande *marketing* (risos). Muito *marketing*. Mauá adora um *marketing* e disse para mim: "Vá lá, converse e diga quem você é, porque *marketing* é tudo". Acho que ele tem razão. Se ele não se chamasse Mauá, eu não lhe daria crédito. Às vezes, o nome é um indicativo da vida do espírito e de suas realizações.

A fortuna é o hábito de criar a abundância e, acima de tudo, é a expressão natural do nosso

espírito. **Nós somos complexos infinitos, por isso, a abundância é natural. O que não é natural é a escassez. A presença da multiplicidade é a verdade. A mentira é a falta.**

Para que o espírito flua — e ele é abundância e perfeição —, precisamos dar-lhe condições. As condições são mentais, mas, acima de tudo, há uma coisa que vocês precisam entender: a mente foi dominada pelo mundo acanhado, mesquinho e ignorante do ambiente comum e medíocre em sua maioria. Só os espíritos que conseguem escapar dessas redes podem e conseguem realizar algo na vida.

Veja que, na cultura atual do Brasil, vocês desta extraordinária cidade de São Paulo, pessoas criadas no mesmo ambiente psicológico, reagiram diferente. Vocês tiveram a coragem de seguir, de acreditar, de sonhar, de fazer. Todos podem. Seria bom até que todos fossem e acredito que serão quando chegarem à maturidade. Nessa maturidade, você sentirá a delícia que é viver a abundância.

A pressão que vem de fora

A abundância tem uma equação. Ela é diretamente proporcional à ausência de pressão. Quando há pressão, a abundância diminui; quando você se solta, ela vem. **A mesquinhez é pressão que torna escassa a abundância do espírito.** Os pensamentos mesquinhos são escassezes. São ideias de complicação, de dramalhão para o amanhã, como "não posso fazer, senão correrei um grande risco". Pensamentos mesquinhos dificultam tudo de bom que possa acontecer e que, muitas vezes, já se mostrou com clareza em sua vida. Você fica escravo do que a mente sabe, e ela serve obedientemente ao mundo medíocre das pessoas. **O espírito é imenso, mas a mente é pequena.** E a menos que o espírito faça um esforço para transformar isso, dificilmente caminhará muito longe, pois a abundância não consegue espaço suficiente para mostrar seus dons deslumbrantes e extraordinários de produzir maravilhas em nossa vida. **A abundância é uma qualidade sua e também de tudo o que está no universo. A abundância é natural,** mas, para consegui-la, é preciso primeiramente não se deixar pressionar por nada. A maior pressão vem sempre de sua cabeça, que não para de pensar, cobra, exige, formula, quer governar, equacionar, agendar. **A cabeça deve ser um instrumento a nosso favor, e não sermos um instrumento dela.** Quando nos acanhamos na obediência dessas vozes internas, todo o nosso ser se vê limitado a trazer os recursos que nos pertencem.

Todo mundo tem um desafio na vida: encarar a pressão do mundo. Você não pode viver sem o ambiente, e ele, por sua vez, vai pressioná-lo. Será? Cuidado! Será que você conseguirá? Eu digo que sim, porque você já encarou isso algumas vezes. Não adiantou nenhuma pressão. Foi quando agiu no que achou certo, não é verdade? Isso mostra que você tem condição de usar sua opção conscientemente e tem forças para isso.

A zona intermediária

Quando você é pressionado pelo mundo, sai daquela zona onde seu ser está fluindo na abundância e geralmente se fecha. "Não posso ser assim porque os outros não gostam". Quando você se retrai, a abundância mingua. Porém, às vezes, movido por necessidade, por sentimento interior, você interrompe isso e vai para a zona intermediária, onde seu espírito flui em abundância e consegue realizar coisas, ficando feliz com essa realização. Se conseguisse manter-se assim, não haveria problema nenhum, mas, aí a estrutura externa fará pressões maiores em você.

Você conseguiu comprar a casa, agora tem de mantê-la. De repente, o que parecia ser uma maravilha começa a se tornar uma obrigação e a mandar em você. Você não pode mais fazer uma série de coisas porque tem de manter aquilo e passa a ser escravo do seu sucesso. Novamente, o ambiente venceu, e você já passou por isso muitas vezes. Queria um grande amor e se destruiu com ele. Queria um trabalho e se matou de cansaço e estresse. As coisas passaram a dominá-lo e você se tornou escravo delas. Queria tanto ter filhos e depois se amargou com a escravidão da responsabilidade que você enfiou na cabeça, transformando essa vivência em um tormento e em uma aflição constantes. O mundo o dominou.

Será que depois disso você quer mesmo mais sucesso? Acho que não vai se manter ali. Eu sei que, em condições específicas, você rompeu com o mundo e conseguiu até certo sucesso. Todavia, começa aí a pressão: agora você tem de manter o sucesso. Sucesso que já virou um tormento, um peso, uma obrigação, uma desconfiança, uma insegurança. E se eu não conseguir mantê-lo?

Você queria ter uma empresa, mas agora se atormenta com os encargos dela. Mandam em você a ponto de não poder tirar férias, e as responsabilidades vão se somando. Com sua dramaticidade, então, elas ficam muitíssimo maiores do que realmente são.

Quando uma pessoa é pobre, é comum que ela pense que a vida seria mais fácil se tivesse dinheiro, contudo, isso depende da pessoa. Se o dinheiro e o mundo dos ricos fizerem pressão, você se escravizará, pois é uma pessoa "pressionável". A pressão dos encargos e das obrigações se torna tão intensa que há quem não queira tê-la, pois é preferível fracassar para se livrar do terror e do desconforto que arranjou para si mesma. Depois, nada mais dá certo. Claro que não é para dar.

Para que outro relacionamento se for para passar pelo que passou? Criar, conquistar, atrair, não. Se sair dessas pressões e se posicionar, é bem possível que produza, mas é preciso manter-se na zona intermediária, firme, sem ser "pressionável".

Ligações perigosas

O que fazer para não ser "pressionável"? **Tudo a que você se liga o atinge; tudo a que não se liga não o atinge.** Você só é atingido por aquilo a que se liga. Seu processo é esse: a seleção de elementos de conexão. Você precisa ficar consciente de uma coisa bem nova. Já tem um critério estabelecido em sua mente sobre a que deve ou não deve se ligar. Em grande parte, isso é influência dos pais, da cultura. Se está doente, tem que se ligar à doença porque acha que é importante. O outro está pedindo, você corre atendê-lo. O outro está com pressa, você corre para incomodá-lo. À medida que se liga a algo, vem junto a consideração de que aquilo é importante, e você já tem um condicionamento sobre como deve se comportar sem que pense na hora se quer ou não quer, se é bom ou não é para si. A mente manda, o mundo manda, e você se constrange e obedece. Não há fluxo de prosperidade e de abundância ali. Tudo começa a ficar pequeno, por isso, tentar agradar o cliente piora em vez de melhorar. Não é que o serviço com excelência ao cliente não seja recomendado nas relações comerciais, mas é o modo como nos posicionamos ao fazer isso que, em vez de dar o bom resultado, dá o pior.

Ao se ligar a algo, você fica vulnerável com a sensibilidade. Seu sistema "preceptor" conecta-se e, dependendo do que vem em seguida, absorve. Repare que você é assim. Quando você não liga, não se afeta. Se o mundo o pressiona é porque você está condicionado a responder às expectativas dele. Para quebrar essa cadeia e se sentir mais tranquilo e seguro, é preciso não ligar.

É preciso estar consciente de onde se liga e não se liga, educar a cabeça para o "não vou ligar". Vem o pensamento, a pessoa, o fato, e você diz: "Não vou ligar". O "não vou ligar" é um condicionamento fundamental.

Quanto mais você usar seu poder de se ligar e se desligar de qualquer coisa, mais poder e consciência lúcida terá e, com isso, poderá se manter na zona intermediária onde flui aquilo que é do seu espírito e do seu interesse, produzindo, assim, grandes coisas em sua vida.

Quando você está na zona intermediária, seu espírito lhe traz sabedoria. Eu fui considerado um rei sábio porque sabia ficar ali não como um rei, mas por saber não dar bola a tudo que estava à minha volta, não me ligar e deixar fluir a sabedoria que, na hora, nem sabia direito o que estava fazendo. Somente depois que fazia eu percebia: "Puxa, que sabedoria!" (risos).

As memórias

O espírito é assim. Ele realiza tudo. Quando disse ao Mauá que fazia três mil anos que eu tinha feito essa experiência, ele me disse: "É, você fez tão certo que, depois de três mil anos, conseguiu permanecer vivo na consciência da humanidade".

Aí, eu tirei o chapéu para ele. Mas o que importa depois que você passou? Não é mais nada, não é? O que importa é o hoje. O que importa são as condições, as experiências de tudo que está se passando. Isso é sempre mais interessante que aquilo que já aconteceu. O novo é sempre melhor que o velho. É muito mais interessante seguir para frente. Voltar não é bom.

Ainda bem que você não se lembra de muita coisa. Já superou a infância? Não? Isso mostra porque você é uma pessoa reencarnada, pois não é capaz de superar os fatos, as situações com facilidade. Eu lhe digo, no entanto, que o esquecimento é necessário para continuar em sua evolução. A própria experiência da infância o atormenta até hoje e você não finaliza as tarefas, que permanecem inacabadas. É escravo de meia dúzia de bobagens. Imagine, então, se tomasse dois, três, quatro mil anos de experiência em sua memória. Não conseguiria andar um passo para frente, porque a mente o dominaria totalmente. **A mente não pode dominá-lo; é você quem precisa dominá-la.**

Depois que aprendemos a dominá-la e a não sermos frutos dela, as memórias podem retornar e, com facilidade e habilidade, colocamos tudo no lugar. A reencarnação, então, deixa de ser necessária. Há lugares muito melhores para se viver do que este daqui. Lugares bem mais loucos e interessantes, e você chegará lá. Contudo, estando onde está, está certo, no lugar certo, porque cada um tem sua idade, aprendendo o que é preciso, e não há nada de ruim nisso.

O importante é que posso ligar e, neste instante, posso não ligar. Posso continuar acreditando que preciso de anotações para não esquecer ou posso escolher memorizar o essencial e nunca mais esquecer. A memória o obedecerá, se você treiná-la para isso. Você pode se ligar a essa ideia e crer, mas pode não crer mais nela se quiser. O que acontecerá se não anotar o que estou lhe dizendo e acreditar que não precisará disso um dia? O que acontecerá se você se posicionar frente aos seus hábitos e disser: "Chega!". A mente insistirá, porém, diga: "Não quero, não ligo". Eu, de livre vontade, digo: "Não ligo. Não ligo para o que vou ser amanhã". Ela quer garantir o amanhã, mas a contrarie: "Não quero ter que saber do amanhã". Se você balançar o coreto da crença e vir que é só uma crença, o que sentirá no corpo? Alívio, não é? É o espírito que está falando.

Para que o espírito flua, não force. Não é o fato de anotar, mas de obedecer à sua cabeça sem perceber, contudo, que você tem livre-arbítrio e que muitas vezes seus atos estão torturando-o no sentido de não fazê-lo sentir-se bem, leve, gostoso na vida. **Enquanto estiver na ordenança, na tensão, continuará segurando a abundância.** A mente acredita que sem isso você será burro amanhã e não que seu espírito o proverá de tantas coisas, como já proveu. A mente aprendeu um monte de besteiras. Os fatos reais de sua vida são outros. Não é assim que as coisas são de verdade aí dentro. Muitas situações boas que lhe aconteceram mostram isso. A cretina da mente espantou-se porque você lhe deu uma boa resposta. Uma resposta que foi mágica. **Seu problema é que você está obedecendo à sua mente.** Se você obedecê-la sem consciência, terá de obedecer às pressões do meio, porque ela está ao lado dele e o forçará a ficar. Mas quando você não aguentar mais isso, cederá e cairá outra vez.

Quero que você tenha a pura consciência de que pode enfrentar sua mente, seus hábitos. Que pode dizer não a tudo em que a cabeça crê: "Não, isso não é assim", "Ah, é só um pensamento. Não quero crer".

Desafie sua mente, porque, a cada desafio, você fortalece a liberdade de lucidez, de

consciência e de opção. Fortalece e amadurece seu poder. Seu único desafio é interior.

Cuca fresca

Quando algo vier, quiser impor e levá-lo, algo como "você tem responsabilidade, não pode sair, não pode fazer", afugente-o, dizendo: "Não escuto a mente que diz que vai sair tudo errado. Eu estou na paz, e minha abundância flui nesta paz, nesta largueza, nesta segurança calma". **A abundância só flui para quem tem cuca fresca.** Não é assim que vocês falam?

O que aconteceria com sua cabeça se você fosse presidente do Brasil? (risos). Pense. A princípio, não há dúvida de que seria maravilhosa a ideia de fazer muitas coisas de que você gostaria, mas quanto a estar lá de fato, todos os dias? Em quatro anos, você estaria um velho acabado, tomando remédio para algumas doenças. Será que aguentaria a pressão ou seria preciso cair doente para parar? Governar não é problema, assim como não é problema ter um filho. Depende da cabeça. Trabalhar não é problema. Só depende da cuca. Nada é diferente. É apenas um homem desempenhando uma função. Se a cabeça for boa, aprenderá com a própria função, que até será um prazer. E quanto mais a cuca for fresca, mais o espírito manifestará sua sabedoria. Atue no mundo a favor de seus propósitos, e tudo dará certo, magnificamente certo. **Tudo é absolutamente mágico.** Ficar na zona intermediária é não ter pressões internas. É controlar com mais consciência o que você quer seguir, a que você quer se ligar e nunca obedecer sem antes observar adequadamente. Não obedeça aos pensamentos. O espontâneo não pensa. Primeiro, vem o impulso espontâneo; depois, vem o pensamento controlando o impulso. É sempre assim. Se o pensamento for a favor, você se expressa, senão, se recalca.

A cabeça foi ensinada a controlar, e essa é a primeira maneira de se empobrecer, se descontrolar completamente e criar sofrimento na vida. Ora, a natureza é extraordinária e não nos criou na ignorância. Ela criou-nos espírito de sabedoria e repartiu-a dentro de todos nós. A sabedoria manifesta-se — como tem se manifestado — nas pessoas que dão condições para isso, seja no poeta, no artista, no cientista, no filósofo, no escritor, no engenheiro, no mecânico, no professor, seja em quem for. Da mesma forma isso acontece no comércio, nos governos, e sempre naqueles que têm condições. Sempre naqueles que, mesmo nas situações mais difíceis, não se abalam, parecendo-nos imperturbáveis e incansáveis, porque não são pressionáveis.

A pressão diminui com a consciência de que "eu ligo" ou "não ligo". Diga: "Eu não ligo para saber tudo amanhã. Eu não ligo para a responsabilidade nem para a lista da agenda". Há várias pessoas aí, excelentes na vida, que não têm agenda e que muitas vezes chegam antes ao trabalho, porque não têm horário. Trabalham muito mais que o estipulado em contrato, pois estão inspirados pelo espírito a fazer aquilo. **O que importa é o prazer.**

Você é assim quando está entusiasmado, porque não tem obrigações, não tem pressões. O entusiasmo vem de dentro do espírito, então você segue até não aguentar mais com o corpo. Às vezes, até precisa se forçar ao descanso. Veja que nossa substância, nossa essência é da movimentação, mas com o espírito. Isso é fundamental. Vocês foram muito afetados pela má educação do falso controle.

Você é "pressionável"

Na zona intermediária, a lucidez faz-me ver longe e não pergunto muito. Meu espírito segue, e as pessoas perguntam-se: "Mas o que tem esse homem que faz tudo isso?". Eu também não sei. Quem, afinal, sabe do espírito? Só se sabe do espírito quando ele se manifesta. Quem sou eu? Não sei. Mesmo depois de três mil anos, não sei. Só sei que eu sou eu, mas não tenho a menor ideia de até onde vou, do que vai acontecer, e isso também não faz a menor diferença.

A mente de vocês obriga-os a ter uma personalidade, um nome, uma estrutura. A vida de vocês obriga-os a dar satisfações, enfim, tudo é obrigado, mas isso acontece apenas porque o "fora" pressiona e porque você é "pressionável". No momento em que você não for "pressionável" e não ligar, nada entrará, nada afetará, nada existirá. Você fará o que bem entender e o mundo terá de sustentá-lo, porque ninguém pode ir contra a força do espírito. Solte e confie em si. O si é desconhecido, embora, observando sua vida, verá que em muitos momentos essas manifestações foram muito lúcidas e surpreendentes. Em certas áreas de sua vida, por exemplo, você confia mais porque sabe que lá dentro alguma coisa "vai", sente que o espírito está lá. Você pode até não reconhecê-lo, mas tem confiança.

Na zona intermediária, eu não sou "pressionável". **Não estou aqui para satisfazer as expectativas**

do mundo; é o mundo que tem de satisfazer as minhas.

Estou aqui para servir, para cooperar, para aprender com esse material que é minha consciência, meu poder de ligar ou não ligar, e com tantas outras coisas do nosso processo, nessa oportunidade de perder memórias e desacelerar na matéria para ficar mais fácil de me mover internamente.

Quando alguém morre e vai para o astral, tudo se acelera, e aqueles que não têm um bom controle, que se deixam levar pelos impulsos sem direção e lucidez, ficam muito atormentados. Prepare-se para a vida eterna, no entanto, tenha em mente que o que lhe interessa é o momento. A situação em que você vive, a vida econômica, profissional, os desejos das relações humanas, do convívio, do social, das coisas materiais, tudo isso é um grande petisco, um grande banquete. É por meio disso que você praticará seus dons.

A matéria está aqui para nos servir, porque neste mundo, neste ambiente e neste jogo você está constantemente praticando seu exercício de poder e a existência de seus mecanismos de realização. Tudo é espírito. Tudo isto aqui é apenas um cenário onde você pratica suas relações e interage com ele.

101

Sábio é aquele que acredita que a sabedoria está nele, que não pensa em nada para que a sabedoria pense por si. É por isso que o sábio diz "não sei". "Só sei que nada sei"[2], e assim a sabedoria se manifesta cada vez mais.

Na zona intermediária, nada pressiona. Eu não tenho de ser sábio, eu não tenho de acertar, eu não tenho de fazer funcionar essa empresa, esse casamento, essa situação. "Mas você precisa resolver aqui ou ali". E aí você diz: "Nem aqui nem ali". Eu posso não ligar para pressões e dizer: "Não resolvo".

O que sua mente pressiona para uma solução? Ela faz o assunto parecer muito sério, muito intenso, não é? O nome disso é drama. Sua mente é uma farsante dramática. É um instrumento altamente criativo. Olhe bem para ela e, lúcido em espírito, diga: "Eu não acredito em nada disso aí; eu não ligo; eu não decido, eu não faço nada". Sinta, então, a descompressão que vem em seguida.

Você precisa ser hábil para não ser impressionável. Em seguida, ela pode querer repetir a história. Não tem importância se escutá-la, mas escute com a consciência de que é só mente. Ela insistirá: "Olhe como ele faz as coisas; olhe como ele

---

2 Frase do filósofo grego Sócrates.

aprendeu; olhe como ele lê; olhe como ele fala; olhe como ele tem medo". Então, na consciência, você diz não como quem diz: "Na pressão não funciona". É diferente de inspiração, motivação, consciência. A consciência vem do espírito. Vem a inspiração, vem a vontade, vêm tantas coisas que nos movem, e a inteligência caminha com isso maravilhosamente se a mente não atrapalhar. Você está indo tão bem, e lá vem a mente: "Cuidado!". Retruque: "Eu não tomo cuidado com nada na vida".

Como é uma pessoa que não toma mais cuidado com nada? É leve. Veja que a pressão, e não o cuidado, é perigosa. A pressão machuca. É claro que, se estiver descalço, você tomará cuidado onde pisa, não? Isso é natural em nós. Se pegar uma bandeja cheia de copos, você naturalmente será cuidadoso, e mesmo assim a mente pressionará: "Não vá derrubar os copos!". **A pressão mental nega o fluxo do espírito, e a abundância começa a se restringir.**

Quanto maior a pressão, mais errada sai a tarefa. O universo segue a lei do espírito. Solte e você melhora! A mente, no entanto, acredita que ficar ali pressionando, se responsabilizando é a maneira de não dar problema. É exatamente o contrário. Ficando nela é que temos problema.

Reconheça essa lei pelo que você já viveu. Não estou trazendo nada que não seja possível de fazer e reconhecer. É que a cabeça sempre repete as mesmas coisas, e você nem chega a se conscientizar de como aquilo aconteceu porque está escravo dela. E eu estou ensinando-o a sair dessa escravidão.

Ligando e desligando

Coloque-se na zona intermediária, onde não haja nenhuma cobrança, nenhuma pressão, e mantenha-se lúcido. Traga à mente o que o irrita na vida e diga: "Eu não ligo para cobrança". Vá fundo na frase "eu posso ligar ou não ligar". Eu, agora, lúcido, escolho não ligar para qualquer cobrança. Cobrança não é nada, é apenas uma voz. Experimente a sensação no seu corpo. Certamente, será de leveza.

Para sair da pressão, use o poder de ligar e desligar. Isso sempre funciona. Se a cobrança o incomoda é porque você liga, porque considerou e aprendeu que toda aquela bobagem é importante. Contudo, no momento em que, na consciência, você diz "eu não ligo mais", ela se solta. Quando eu solto, ela se anula. E quando se anula, não me atinge, não me incomoda e não me atrapalha.

104

Use e abuse dessa técnica que é fácil e que dá resultado. Ela elimina a pressão à medida que aumenta sua consciência de escolha, de poder, de maturidade e de lucidez. Não ligo para o certo nem para o errado. "Ah, mas você liga para o quê?". Eu não respondo, não preciso definir. A cabeça pergunta, e você acha que tem de responder alguma definição. Não, não tenho vontade de definir. Talvez eu defina quando pintar alguma vontade de definir, de observar certas coisas, de contemplar e de absorver o que aquilo tem para mim, qual é o significado daquela experiência para mim. Mas você é tão obediente e "impressionável" que já começa: "Então vou ligar para o quê?". Tudo, então, fica confuso e com uma naturalidade rápida se dá serviço e trabalho. Diga: "Eu não defino nada. É a definição que me acha". Não foi sempre assim? De repente, pinta a lucidez, e você percebe o que é. É porque, nesse momento sem pressão, o espírito age. **Quem somos nós para dirigir nossa vida?**

Então, fique na liberdade de escolha de se ligar ou não se ligar. As coisas não precisam ser como foram até hoje. Com o tempo, você perceberá que é um prazer não seguir mais a mente, porque é ela que tem de segui-lo.

Você é o sustentáculo do espírito na lucidez. A mente existe para obedecê-lo e não para ser obedecida, bem como o mundo, porque a mente foi criada e educada em função do mundo. O mundo faz pressão e a gente age sempre igual, sem ter aquela lucidez, aquele *insight*, aquela percepção, que lida com tudo que é diferente e transforma. Apenas os homens que se libertam disso conseguem trazer progresso para a humanidade, conseguem ir além da mediocridade. Esses indivíduos descobrem uma saída nova para aqueles que não conseguem pensar por si. Estes o imitam e usufruem da própria fonte de sabedoria que está dentro de si. Então, copiam de quem sabe e têm que ler, decorar, treinar várias vezes e em várias versões. Que pequeno! Como se dentro de si não houvesse um bilhão de recursos.

Estando na zona intermediária, sem pressão, você fala coisas incríveis. Estando nessa tranquilidade que lhe traz confiança em si, você impressiona muitas vezes sem dizer nada. **Não raramente, o silêncio é melhor que a fala.**

Vamos fluir na abundância? Ponha-se na zona intermediária, na consciência de que está treinando para ficar ali. Esse treinamento favorece-o a ver o que acontece quando se está nessa postura. Você experimentará e verá que isso é lei e não filosofia. Primeiro, virá o alívio, que já é extraordinário, e depois a liberdade de poder optar e não ter de repetir, de não ser "pressionável", dirigível, que é algo tão desconfortável e que nos priva tanto de nosso prazer.

Você liga ou não liga? Eis o mundo e você. Só existirá o mundo que você quer ver. O resto se anulará, se apagará e deixará de existir. A mente foi treinada a ter de olhar para tudo o que não tem a ver com você. **Reconheça seu poder de ter o mundo que você queira ver e aquele que não queira.** O resto é doutrinação. Perceba e desafie: "Não, não ligo! Não sou 'pressionável', porque não ligo".

Você precisa não ligar para parar com as aflições e as inquietações, para parar de receber cargas e mais cargas de sofredores encarnados e desencarnados e as ondas do ambiente. Não ligue para as verdades e se o ser humano está mentindo ou não. Não ligue para a sinceridade. Se ela acontecer ou não, tanto faz.

Vamos! Desafie seus valores! Você foi condicionado a segui-los, mas será que é uma condição boa para seu espírito? Será que não há um milhão de excelentes opções em sua vida e, preso na redoma mental, você não está vendo? Garanto-lhe que sim. O que será que as coisas em que você acredita estão escondendo? Ih, como tem coisa lá atrás!

O perigo é uma ilusão da mente

Diga: "Nada precisa ser como minha mente fala. Todo o universo é uma grande fantasia do espírito, e eu sou espírito. Também não ligo muito para mim, pois toda vez que ligo a mente é dramática". E se você não ligar muito para si? E se não precisar mais acertar nada? Como se sentirá? A mente fala que é perigoso, não é? E se você disser: "Eu não ligo para o perigo?". Experimente. Diga a ela: "Eu não ligo para o perigo, porque ele não é nada. Não o vejo, ele não existe". **O perigo não existe. É você quem crê nele.**

Quantas pessoas fazem coisas malucas e tudo bem? Isso acontece porque elas não acreditam no perigo. Quanto perigo está pesando em suas costas e está empurrando-o para trás! É por isso que suas coisas não vão para frente como poderiam ir. Compreende agora o que o está segurando? As coisas não vão porque é perigoso irem. Você está trabalhando preso. Não tem fluxo, não tem prosperidade, não tem abundância. Quanto mais você acredita no perigo, menos vê quanta ajuda e quanto o universo trabalha para você. Quem acredita nessa ajuda é porque não acredita no perigo, mas no apoio. É preciso ligar para o apoio e não para o que os outros falam.

Você pode não ligar para seus pais. Diga: "Eles não são referenciais de vida para mim, embora eu possa amá-los muito. Podem dizer o que quiserem pois isso não me atingirá". Entendeu o que é ser adulto? É usar seu livre-arbítrio. Eu não sou "pressionável", não sou condicionado, embora os condicionamentos sejam muito bons. Sei ler, escrever, dirigir, sei fazer uma série de coisas automaticamente, e isso é ótimo. Mas mandando em mim? É outro assunto.

Se algo mandar internamente em mim, fora vira logo contra e insistirá até você ceder e perder. Então, os caminhos trancam-se, e sua mente vem com tudo dizendo: "Viu? Não lhe disse que o mundo é um constante perigo, que é preciso ter cuidado?".

A cautela não é um trabalho da mente, mas do espírito, e está longe de ser cuidado. O espírito faz você ver longe. É assim que o espírito lhe mostra que você precisa agir com calma em determinadas situações. Não há medo envolvido, mas visão. De repente, por ter se posicionado no espírito, você vê a intenção clara e a solução aparece.

O caminho da prosperidade

Desenvolva o hábito de permanecer na zona intermediária, a zona espiritual que é livre da mental. Você perceberá como a vida tem outro sentido sem pressão e sentirá como é bom não ter que ir ao mundo para responder a tudo.

Diga: "Meu trabalho não é mais meu, tampouco a responsabilidade. Se tenho um horário é porque acho que é funcional. Se faço determinadas coisas é porque elas me dão prazer e me ajudam". Quanto mais você exercita a permanência nessa zona espiritual, mais percebe a abundância que acontece dentro e fora de você, em todas as áreas de sua vida. Esse é o verdadeiro caminho da prosperidade.

Fique na paz.

ALLAN KARDEC

Eu falo muito bem a língua portuguesa, pois na última encarnação estive aqui no Brasil entre vocês. No entanto, não quero falar dessa experiência; quero centrar-me na experiência como Allan Kardec, porque, depois de muitas vidas, nossos corpos querem se reintegrar de tal forma para que o melhor do que conquistamos componha uma personalidade única e integral. Estou nesse período e, como não faz muito tempo que desencarnei, estou tomando de volta conquistas passadas e reintegrando-me a uma nova estrutura.

Estou sintonizado com minhas experiências, integrando várias vidas, desde sacerdote asteca até sacerdote na Irlanda. Viajando por várias experiências na Igreja, no protestantismo e, finalmente, nas experiências independentes do espiritismo. Obviamente, agora que minha personalidade está voltando à extensão e que as experiências estão desabrochando, há muitos temas de que eu gostaria de tratar, mas estou guardando essa oportunidade para um trabalho especial que farei oportunamente neste mesmo espaço. Então, quero centrar-me aqui, em um trabalho que possa ajudar nos objetivos do curso, que é a prosperidade. Certamente, nós precisamos sentir e não pensar muito.

A mente e o corpo mental

O bom senso é o guia seguro; o raciocínio é absolutamente inseguro. A lógica pode ser manipulada pelas artimanhas da fantasia, fazendo as coisas mais escabrosas e horrendas parecerem profundamente razoáveis. Era tão fácil surrar o escravo porque ele não queria trabalhar. Era óbvio que ele precisava de uma lição. Era lógico que ele era um animal. Como nossa mente pode tornar lógicas as coisas mais absurdas! A pessoa nem o olha, e você já julga que ela o ama. Como a mente pode enxergar coisas onde não tem! Assim, enquanto não aprendemos a lidar com esse corpo extraordinário, nossos problemas de articulação mental são verdadeiramente dolorosos.

Fluir é se transformar. E transformar é uma longa jornada de posse e de habilidades adquiridas

no treinamento de vivências. O esforço lógico de seu pensamento nada resolve se não houver vivência. O corpo mental aprende por meio da percepção, da sensação e da vivência. O corpo mental existe em nós, solto no mar de uma mente universal. Atualmente, a estrutura que você deu a ele com suas crenças abrange esta cidade e os fluxos mais próximos. Você é visitado constantemente por toda sorte de informações e sensações mentais, mas, dependendo da estrutura do aparelho mental, há uma filtragem.

Sua experiência de mente abrange duas coisas: um aparelho mental em um ambiente mental. Você não é o ambiente; você tem o aparelho. O aparelho é composto de estruturas muito sabiamente distribuídas, de uma capacidade extraordinária de aglutinar energias experienciais em minúsculas cápsulas simbólicas, de tal sorte que, ao mexermos nesse símbolo, nós temos de volta a leitura de todas as experiências sentidas por aquele símbolo. Assim são as palavras. Uma palavra como "paz", por exemplo. Imediatamente, aquele pequeno núcleo onde há a paz se desdobra em uma experiência em que sentimos alívio. O símbolo move-se em um espaço que, enquanto fluindo na frequência de paz, está se relacionando com o ambiente mental de paz e gerando paz.

As estruturas do corpo mental codificadas agrupam-se em pontos específicos do ser. A estrutura física e suas distribuições em quatro membros (tronco, cabeça etc.) continuam existindo em todos os sistemas. Embora seja em nível mental, também estamos percebendo dentro de nós a localização das crenças.

As crenças têm um núcleo básico que se estrutura de energia e acumula em si todas as memórias que este núcleo produz em suas experiências, localizando-se em diferentes partes. Não é como se fosse praticamente uma rede. São como átomos, centros onde os núcleos mais importantes das crenças representam, trazem, vivem e criam suas experiências. Se você tem uma boa perspectiva de vida, está na testa. Todas as suas crenças em relação às visões de um futuro, às visões do que você projeta, estão na testa. Alimentadas pelo *chakra* de força frontal, suas crenças tomam vida, força, mas só as crenças concernentes às perspectivas. **Desse modo, é importante que você visualize o que quer**.

Visualize o carro, a casa, a situação que você deseja. Desembaraçadamente, visualize calma. Visualize-se lidando com facilidade com a situação e visualize as pessoas ajudando-o.

A fonte de visualização é uma das armas mais interessantes na mudança. A visualização tem que ser vívida e estar nela de corpo inteiro, para que você tenha uma vivência que cause sensações, para que o corpo possa detectar, simbolizar e fazer um novo núcleo de experiências para você.

Assim, a visualização contribui profundamente para a mudança de padrões. Você, por exemplo, tem um núcleo de que "as coisas são difíceis", pois já veio com essa crença. É um núcleo que existe e ele está fazendo as coisas se tornarem difíceis. Ele está na testa, no modo de olhar, na sua perspectiva. "As pessoas não vão me aceitar" — isso está na testa. Eu visualizo para daqui a pouco e tenho certeza de que as pessoas me rejeitarão. É visão e perspectiva: "Para isso não tenho jeito", ou seja, eu vejo que haverá uma falta.

O núcleo central é alimentado pelo *chakra* frontal, que possibilita a visão e a "pré-visão". No entanto, os núcleos do corpo mental situam-se na fronte, alimentando-se do corpo energético, contudo, eles são mente também em outras partes do corpo, onde há campo sensório, campo físico, campo perispiritual e campo mental, todos eles com a perspectiva como a visão, como a percepção da forma.

Quando visualizamos, nós abrimos o *chakra* frontal no corpo inteiro. Com a visualização, trazemos e criamos uma sensação. Imediatamente, ela deixa de estar simplesmente no frontal e passa a estar no frontal do corpo mental. Ali terá uma estrutura de crença e o corpo mental vai se transformar. Quanto mais vívida a experiência, mais ele transforma. As técnicas de visualização — já existem várias correntes que trabalham com isso — são preciosos instrumentos na transformação, porque suas perspectivas delimitam o caminho e prescrevem seu destino. **Quanto mais certeza você tem de sua "pré-visão", mais real ela se torna.** A inquietação da ansiedade na previsão da falta cria a falta. Há um conceito, um núcleo na estrutura do corpo mental que crê que você não terá algo. Todas as crenças estão no corpo mental, que é composto apenas de núcleos de crenças. Embora se localize em diversas partes do corpo físico, ele é apenas um poder no corpo inteiro e não tem forma. Esse poder, contudo, utilizará os campos de forma para dividir os núcleos das crenças de acordo com o que elas são em relação às funções do comportamento da pessoa, tais como habilidade de agir, de fazer.

Quem pensa muito que vai solicita energia e não vai. Essa pessoa terá o abdome completamente congestionado. Ela não vai porque tem na visão crenças de impotência, de incapacidade, de demérito, de dificuldade. Essa visão que prevê, que já mantém esse comportamento, impede que as outras energias em solicitação fluam e elas ficam retidas no abdome.

Quando vejo possibilidades, a energia flui. As crenças do que eu posso fazer estão no plexo solar. Nos umerais, nos ombros, ficam as crenças de quem sou eu neste mundo, de como devo me comportar, de como devo ser, de qual postura é adequada, enfim, todas as crenças que tenho a meu respeito, de como devo agir em cada situação, do que devo suportar, do que devo ou não carregar, de que figura devo ser.

No *chakra* laríngeo está tudo o que tem a ver com a expressão da pessoa, autêntica ou não, adequada ou não. A adequação está na tireoide, portanto, a adequação afeta a garganta. Esse centro de força é extraordinário. O cardíaco é a alma. Na verdade, é apenas o centro de força da alma, responsável por todas as crenças acerca da responsabilidade, dos sentimentos, da esperteza. Tudo isso está principalmente no coração, o centro de orientação de como devo me orientar, das crenças de que se sou hábil ou não para acertar, se sou hábil ou não para saber as coisas. Todas as crenças das possibilidades de ajuda, de orientação, estão no cardíaco.

E dessa forma o corpo vai se estruturando em seus centros básicos. Não detalharei muito, porque quero passar algumas atividades de transformação. Nós temos mais de dois mil pontos em nosso corpo, onde as crenças podem se situar. Os pontos mais importantes de força, naturalmente, são aqueles em que seus núcleos se concentram mais, núcleos afins com as funções daquela região. E para que nos serve isso? Para fluir.

Flexibilidade

Vá para o frontal situado na testa. Vista, visualize: "Eu sou uma pessoa absolutamente flexível". Visualize sua espinha dorsal completamente flexível, principalmente em sua base, no *chakra* básico, o *chakra* da postura básica na vida, do alimento de vida. A flexibilidade é a base da estrutura da coluna. **Uma pessoa flexível não é teimosa, não é persistente, sem bom senso. Persistência com bom senso é firmeza.**

Então, mexa esse *chakra* que tudo pode mudar. Nada permanece. Eu não quero que nada permaneça, porque a mudança pode ser para melhor. Mesmo as coisas antigas têm um jeito ainda melhor de ser. Eu me movimento, me vejo uma pessoa diferente, melhorando, mais aperfeiçoada, mais leve, mais dinâmica, improvisando, criando e recriando maneiras novas de fazer velhas coisas, permitindo transformar, permitindo o novo com naturalidade, não necessitando me afirmar em nada. **A rigidez começa a se formar quando preciso mostrar para o mundo, mostrar para os outros, mostrar para mim.** Se a rigidez é dominante, é lógico que os outros centros fiquem sem mobilidade. Então, crie mobilidade no corpo mental. Meu roteiro está dentro do coração, mas o coração precisa também mudar padrões. Eu mudo de sentimentos todos os dias; não creio na constância do sentimento. Todos os dias, eu me vejo livre com sentimentos diferentes sobre tudo e sobre todos. **Liberte esse padrão de rigidez para que o coração e a alma o orientem em transformações necessárias.**

Abra o plexo solar, abrindo o mental. Visualize-se uma pessoa absolutamente e tranquilamente inconstante, que se permite ter muitos sentimentos de todos os tipos. Desestruture o estabelecido. Visualize-se transformando-se o dia inteiro, do choro à gargalhada.

Sentir não é simplesmente ter emoções. Sentir envolve infinitas possibilidades. O que você chama de intuição, instinto, *feeling*, previsão, tudo é uma gama de impulsos inteligentes orientadores que vêm do cardíaco. Eu permito, eu estou de corpo inteiro, solto. Aceito facilmente todos os meus "sentires" do dia, todos os toques e as nuances delicadas de minha alma sobre todos os assuntos, sobre todas as coisas durante o dia. Eu aceito essa amplidão. **Quanto mais você destrói a rigidez do sentimento, mais sente.** Mesmo gostando de uma pessoa, a cada dia esse gosto será diferente. A rigidez estável em manter padrões torna-os rígidos, dificultando, assim, a manifestação pluridimensional de todos os sensos extraordinários que compõem sua alma, seu aparelho orientador. Abra. Sinta a coluna flexível sem precisar da autoafirmação rígida, permitindo transformar-se. **É da alma que vem o bom senso, o guia da perfeição do pensamento. É no bom senso que encontramos todas as respostas e soluções.** Como Kardec, eu vivi em uma época do racionalismo cru e frio, mas que de certa forma me disciplinou a mente. Porém, é preciso muito mais. É preciso bom senso e amplidão para entender as dimensões múltiplas em que vivemos ao mesmo tempo. **Não somos feitos de razão. Somos feitos de extraordinários impulsos instintivos** anímicos, que são formas de inteligência altamente saudáveis dentro de nós.

Volte à visualização na testa. Projete em sua testa, visualizando-se no corpo no meio das atividades do trabalho que realiza, fazendo tudo ágil e rapidamente, de uma maneira que ninguém faz. Invente essa maneira absolutamente genial. Veja-se um gênio no que faz, impressionando as pessoas, sem saber de onde tudo aquilo sai, sem o menor raciocínio. Aquilo virá, e será um fenômeno maravilhoso, fácil, e você tenderá a nem dar valor de tão fácil que será. Uma ideia virá atrás da outra. Visualizando-se de corpo inteiro, a forma do corpo astral, do corpo mental e da aura se transformam. Surge uma confiança, uma calma e tudo brota escandalosamente a ponto de você até brincar com isso. É tão importante, tão extraordinário o que você faz que as pessoas decidem endeusá-lo. Os cretinos o considerarão um Deus, e você se sentirá assim, desinibidamente, desavergonhadamente, sem ligar a mínima, divertindo-se com o que faz, com maneiras cada vez melhores.

Sem escrúpulos

Visualizou? Veja as pessoas cumprimentando-o, parabenizando-o. É o máximo! Virá uma ideia mais ousada que outra a ponto de você até levar um susto no começo. Depois que isso acontecer, dê uma risada e ponha a ideia em prática só para ver no que vai dar. É assim que eu trabalho: sempre com uma ideia nova para pôr em prática, com resultados ricos. Seja qual for, tudo é ganho. Deixei de ser escrupuloso. Não sou escrupuloso, sou divertido.

Há um núcleo de escrúpulo que é um breque horroroso nos ombros e nas costas. Tire dos ombros e das costas essa coisa de escrúpulo. Pense em você sem escrúpulos, divertindo-se na criatividade, na produtividade, na inteligência da logística, impressionando e impressionando-se. **Sentir-se sem escrúpulos é maravilhoso!**

Vamos, não pense! O bom senso orienta-o. Não há necessidade de ter escrúpulos e pensar. **Deixe o espírito usar sua mente com as ideias. Não é você quem tem de procurar ideias na mente.**

Você sempre procura velhas ideias na mente de como fazer as coisas, em vez de sentir e deixar que o espírito traga uma nova visão e percepção, enfim, novas ideias — mais arrojadas e avançadas que as antigas.

Há sempre um milhão de meios pelos quais seu espírito gostaria de passar para você. Crie o estado, sem interferência do mental. Destrua os núcleos do escrúpulo relacionados aos comportamentos de aparência, de reações alheias. Sempre haverá o cretino, mas sempre haverá quem o aplauda. O importante é sua experiência e o resultado benéfico dela.

Saia dessa cadeia das pessoas sem escrúpulos. Criador não fica nisso. Cuidado é *feeling*, não medo. **Faça com atenção e sentindo que sempre faz adequadamente, sem medo. Para não errar, é preciso não ter medo de errar. Para acertar, é preciso seguir os sensos da alma que conduzem seu pensamento, criando e recriando possibilidades.**

Medos são padrões inúteis de escrúpulo. Estão sempre nas costas, ao longo de toda a coluna, impedindo que flua a energia de confiança, sustentação, atitude expansiva e expressiva do seu espírito e de sua evolução.

Visualizando dessa forma, as camadas do medo começarão a sair. Os núcleos do medo, na verdade, estão em várias partes do corpo, contudo, estão mais na coluna e, em volta deles, todas as experiências trágicas que você adora cultivar. Todo tipo de escrúpulo é inútil. Imagine-se sendo uma pessoa sem escrúpulos, com *feeling*, sensações, presença, com a alma com todos os seus sensos a seu favor, no raciocínio do espírito na inteligência cósmica, com uma expectativa absoluta de sucesso cada vez maior e diferente do último.

Visualize: "Eu sou, absolutamente, um sucesso. Já nem faço mais o que faço. Talvez ensine os outros a fazerem, porque eu mudo, me renovo, me especializo e me torno o número 1 naquilo que faço, indispensável e caro para a humanidade". Todo mundo que é indispensável, especial, é caro. Perceba como fica a sensação nas costas. De leveza? Saiba que energia concentrada demais cria empecilho. **Escrúpulo e cuidado demais são empecilhos porque seguram.** Com esperteza e flexibilidade, você leva todo mundo na conversa, age com a inteligência, mas não tem escrúpulo porque é preciso mentir para levar na conversa. Contudo, como a mentira é um lugar comum em nossa vida, deseje uma lucrativa e não uma mentira que cause dor e sofrimento a todo mundo, enfim, que cause prejuízo. Deseje uma mentira que cause um benefício, já que as pessoas não são capazes de ouvir toda a verdade. Visualizou? Como está o frontal? Se o sentiu aberto é porque você está conseguindo limpar sua tela visual de perspectiva que cria roteiros. Ali você cria os roteiros e antecipa o futuro no visual. **É preciso vestir no corpo. Se não for sensorial, não cria.**

Agora, quero perguntar-lhe: já que você é uma pessoa assim, como é sua vida? É tudo, não é? Se você não tem essas perspectivas bem colocadas, não andará. O que você quer? Qual é sua perspectiva? Como vê o caminho daqui até lá? Como o sente?

A visão não é apenas uma imaginação, mas uma roupa que você veste, ou não terá efeito no corpo mental. **O corpo mental não estrutura o que não vai para o corpo físico.**

Todos os pensamentos e todas as imaginações que não atingem seu corpo não são computáveis pelo corpo mental. **O que fica é o que atinge profundamente o sensório.** Você está onde se põe. Não é esse o lema desta casa? É literalmente isso: você está onde se põe.

Como está se sentindo nessa nova postura, nessa nova vida? Amplo? Como é sentir-se amplo para ser outra pessoa, amplo para ter novos comportamentos, permissivo? Como é ser uma pessoa permissiva? É estar aberta para sentir, fazer, receber. Perceba quantas possibilidades a estrutura do corpo mental de crenças o impedia de usufruir.

A verdade é que não tem nada lá fora. Nós criamos tudo.

Essas análises de circunstâncias e de condições que você faz não passam de grandes fantasias tecidas pelas crenças que você absorveu:

"Não, porque as pessoas não aceitarão! Elas acharão ridículo". As pessoas que você tem na cabeça não são as pessoas de verdade. Não pense nelas. Conheça quem está ao seu lado e basta. E como é ser alguém que não pensa nas pessoas? Livre para conhecer quem está ali e não quem imagina. Ela está ali, mas não pensa nela. Está com ela, conhece-a, mas não pensa nela. Ela só está, quando está. Quando vai embora deixa de estar. "Não, mas ela está na casa dela!" Não sei, pode ser que tenha parado no restaurante. Não sei, não penso. Estou onde estou, com o que estou. Não há os outros mentais. Há com quem estou, seja encarnado ou desencarnado, e que não faz diferença para o campo do psicoastral.

O que mais você gostaria de idealizar para se realizar em breve? Em sua tela mental, coloque alguma coisa que você deseja em um prazo curto para usar positivamente a imaginação no futuro. Objetive com clareza o que você quer. Não trabalhe com duas ou três coisas ao mesmo tempo.

A ansiedade é inimiga da fé. Faça uma coisa de cada vez até conquistar, com o tempo, a prática de explorar a visualização criativa. E quando encontrar o que deseja, para que aquilo venha exatamente como você está pensando — porque ainda não está visualizando, apenas pensando, não está na sua imaginação —, que pessoa você terá de ser? Uma pessoa com que padrões? Absolutamente sortuda? Altamente preferida e especial? Singularmente excepcional?

Coloque isso no corpo inteiro de tal forma que seja absolutamente inerente, simples e digno. Quando colocamos isso no corpo, imediatamente sobe para os outros centros mentais e pede uma postura de ombros nos umerais. Já sobe uma força de sustentação na coluna: "Eu me sustento assim". É simples. Em um segundo você veste isso, está nisso. Agora, mova-se na imaginação e vá até uma situação que esteja completada, que já está na sua vida. Mova-se. Você está ali, em determinado lugar, com isso concluído. Sinta como é a situação à sua volta. Perceba detalhes.

Veja com que naturalidade é para você estar ali. Muito simples, sem complicação, naturalmente. Não há grandes festas ou pompas. É natural, como se já tivesse acontecido muitas vezes. É como tantas outras coisas interessantes de sua vida, mas bem natural. Acomode a ideia como natural. É natural ser excepcional. É natural essas coisas acontecerem, sem que você tenha que fazer muita força para isso. Elas são produzidas para você com facilidade. Sinta-se ali na nova condição e como é bom estar ali e ter aquilo. Não diga só que é bacana, mas que é útil, que facilita, que é funcional e ajuda. É assim que se aprecia uma situação, seja ela qual for e tenha sido criada por nós. Quais os benefícios, o que isso lhe traz realmente? Não tem volta. Diga: "Eu não vou mudar de ideia. É assim que é minha visualização. Então, já é definitivo!". Tome uma atitude de que isso já é uma verdade, com toda coluna, com os umerais, com o peito, com o topo da cabeça onde está a integridade do espírito. E, nessa firmeza, acalme na naturalidade.

Sempre verifique como está se sentindo. Se isso já é ponto, se já é feito, o que muda agora? Segurança? É porque você deixou fluir a flexibilidade. A inflexibilidade é um padrão de falsa segurança. É amplidão? Espaço consciencial maior? Conforto? Encaixe? Sossego? Diga: "Sou uma pessoa sossegada, não tenho aflições. Não considero produtivas agitações mentais negativas, por isso não me abalo". **Uma pessoa que não se abala é inteligente. Mantém o foco da energia em que visualizou, em que se centrou.** Do contrário, toda energia de construção irá para os abalos e para as aflições, que esvaziam os focos visuais positivos e começam a alimentar os focos negativos. Manter a paz é manter o trabalho. Manter o conforto, manter a leveza é voltar para o centro de trabalho real em seu espírito.

Nada é excepcional por mais extraordinário que seja. Nada é motivo para escândalos, apenas diversão. Essa é a reação do espírito. A naturalidade como alguém veste as roupas facilita que a roupa seja vestida. Quando lida com uma coisa em um clima de naturalidade, você passa graxa lubrificante na nova condição, e todo sistema absorve com mais facilidade, enquanto expulsa e esvazia a energia dos núcleos intransigentes, rígidos, atingindo, assim, novos níveis.

Na verdade, os níveis de atuação são conscienciais. Pense na mente com diversos níveis, porém, os níveis não são mentais. São conscienciais. É um padrão do eu consciente e do espírito, que pode atingir vários níveis, dependendo da potencialização de uma crença. Ao esvaziar uma crença rígida, você se desprende de certos níveis e segue. A crença pode mantê-lo em níveis baixos, e, ao desfazer-se dela, você começa a subir para níveis diferenciados de consciência nunca antes atingidos.

As crenças prendem-no aos níveis de consciência. Conforme elas se transformam e se adequam a princípios universais mais amplos, níveis conscienciais muito mais amplos são atingidos. Os princípios que estou passando para viabilizar essa projeção são de eliminar os princípios rijos, que são os ganchos que o mantêm em níveis primitivos de consciência. Quanto mais primitivos, maiores são a carência e o sofrimento e dizem respeito à época em que éramos quase animais.

Quando adquirimos novos conceitos de crenças, viabilizamos recursos do espírito que estão em níveis de consciência mais amplos, mas a captação e a vivência desses níveis dependem da estrutura mental. **O que evolui é a estrutura, não o espírito, pois ele já é evoluidíssimo.**

A estrutura vai possibilitando, e vamos vivenciando. A própria vivência transforma a estrutura que, assim, vai atingindo cada vez mais níveis maiores. Dessa forma, se a experiência flui para níveis maiores é porque desatamos níveis primitivos, inadequados, âncoras que nos mantinham em um nível inferior.

Você percebeu que a flexibilização precisa ser mantida? **É preciso explorar cada vez mais a flexibilização para você acelerar processos.**

Ora, se há rigidez é porque ela está impondo dificuldade. Toda rigidez é crença em dificuldade. As crenças de dificuldade são padrões visuais que levam à postura, anulando o cardíaco, aprisionando os *chakras* de baixo.

Veja o que é a previsão. Nunca preveja. Como é ser uma pessoa que não prevê, que não pergunta como será? Isso não quer dizer que amanhã você fará uma viagem e que não levará as roupas de que necessitará. Uma mulher, por exemplo, levará roupa de inverno e de verão, porque não sabe como o tempo estará. E se tiver homem para carregar, levará mais roupas ainda! (risos). Ou seja, não há previsão imaginativa, conquanto, o espírito intui. Você sentirá um sabor diferente de uma intuição. É coisa da alma. Pela alma, o espírito intui. Ele fala: "Não vai dar certo. Não vai ser assim". **Não preveja. Se quiser ir, vá com o espírito aberto. Isso é a aventura. Não queira saber tudo para se sentir seguro.**

Na verdade, o que você está fazendo é rigidez. Você está endurecendo fantasias rígidas e absurdas, sem criatividade, e visualizando até que se materialize. As coisas, então, ficam fechadas, não andam, não se desenvolvem sem aparente razão. E tudo que não anda não anda. Quem não anda é porque está duro. Dúvida leva à dureza. Projeções expectantes levam à dureza. Temores, precauções levam à dureza. Autoafirmação social e a imposição de sua imagem entre os outros levam à dureza. A inflexibilidade em aceitar as situações como elas ocorrem leva à dureza. Os rígidos seguem padrões, perdem a flexibilidade e o tempo de flexibilização e alteração. Dessa forma, todas as regenerações são demoradas, todos os empecilhos encontram caminho e a possibilidade de se solidificarem em sua vida.

Pense sempre sem perceber nada, sem imaginar nenhuma situação. Diga: "Tudo flui. Eu fluo com tudo muito bem. Eu fluo com todas as alterações muito bem, com muita naturalidade".

As práticas de visualização poderão continuar, embora as de flexibilização criem mais. Repare nas milhares de formas de solidificação e de enrijecimento da flexibilidade humana. Repare em você, nas pessoas, e repare nas causas disso. Repare na teimosia e em todas as formas de inflexibilidade, principalmente na visualização de dificuldades, de problemas, enfim, de empecilhos. Nós queremos um bom fluxo e queremos orientar esse fluxo positivamente.

Ninguém conseguirá segurar a vida. Nós vamos dirigi-la. Um pouco para cá, um pouco para lá, mas ela vai. A evolução vai. Nós só damos palpites, e a vida vai pelo obstáculo ou pela facilidade. Vai rapidamente ou demoradamente; pela negação ou pela afirmação; pelo caminho da dor ou pelo caminho do amor. A vida não para. A única coisa que podemos fazer é usar nosso corpo mental para produzir roteiros significativos, flexíveis, para que o fluxo não se prenda e possa realizar-se produtivamente sem dor, com prazer. Isso está ao nosso alcance, porque o espírito nos deu o arbítrio e os instrumentos para realizarmos nosso trabalho para ele.

Todas as vezes em que você for acometido por algo ruim, não leve para o corpo. Toda vez que vir algo ruim, não leve isso para o corpo por meio de sensações. Ante a um acidente, a uma morte ruim, a uma coisa feia, reaja com naturalidade e desprezo. Não deixe que essas coisas fiquem no corpo. Não deixe o corpo aprender que aquilo é possível. Ele só fará o que sentiu e aprendeu ser possível.

Não deixe de sentir o que você quiser, por isso, controle seu poder de impressão. Isso é fundamental para que seu sistema não comece a memorizar e a gravar impressões nas quais pode encontrar uma alternativa. Vista, no entanto, as coisas boas e permita-se sentir, porque você quer que elas se repitam, se reproduzam, e quer que o corpo tenha aquele material como alternativa. Esse é o controle do corpo mental: a visualização e o controle de impressão na vivência, porque ele tem de ser vivencial.

Para mim, foi uma experiência muito boa ter falado com vocês.

LOURENÇO PRADO

Naturalmente, vocês conhecem meus livros — notadamente *Alegria e Triunfo e Equilíbrio e Recompensa,* que, graças a Deus, ajudaram muitas pessoas. Hoje, conversaremos sobre alguns aspectos que enriquecerão profundamente o trabalho que estão fazendo, uma vez que, há algum tempo, estive observando a casa e vocês para que minha participação entre bem em cima daquilo de que estão precisando como seres humanos no caminho da prosperidade.

Espaço interior

Eu queria que vocês dominassem um assunto, que conseguissem, com o conhecimento que já têm — e tenho certeza de que conseguirão —, que observassem que tudo antes de ser exteriorizado está em nós.

Você vive o cenário do mundo interior, o mundo que aprendeu a criar, e raramente consegue transformá-lo. No entanto, é de sua alçada transformar o ambiente exterior. O mundo de fora é apenas um reflexo; ele reflete o ambiente interior de cada um. Quando você quer uma situação externa melhor, obviamente está procurando o bem-estar interno, e aí há um paradoxo. Há um paradoxo porque, de repente, você precisa ter um ambiente externo melhor para ter um ambiente interno melhor, e, assim, isso não fará nenhuma diferença, porque você já está bem dentro de si mesmo. **A riqueza interior é um bilhão de vezes maior que a exterior.** Eu gostaria, então, que você pensasse um pouco do que é feito seu ambiente interno. Como ele se apresenta? Ao longo de sua infância, você recebeu várias mensagens magnéticas extraordinárias (não pule, não coce, não grite, não fale), e, a cada vez que essas mensagens vinham, seu espaço ficava limitado. Você aprendeu que precisa ter limite e isso o levou à ideia de que não pode se expandir. Seu ambiente interior é menor. Como queria fazer as coisas e sempre lhe diziam que estava fazendo errado, você começou a criar a impossibilidade e seu ambiente foi empobrecendo-se com a ideia de impossível.

Todas as vezes em que errava, você era criticado, ridicularizado, e aí começaram a inabilidade e a impotência. O espaço interior, então, foi ficando ainda menor, para poucas coisas. Hoje, seu espaço interior é acanhadíssimo, e você dá para poucas coisas.

Você foi reparando na impossibilidade e na conformação com aquilo que você vê como impossível: "Não vá brincar lá fora! Fique aqui dentro!". O espaço diminuiu, e o impossível nasceu.

Estou falando de mensagens bem simples para que você tenha a possibilidade de perceber como foi criando esse espaço interior no qual vive hoje. Não se trata simplesmente da mente; é uma condição que foi se formando, creditando, se solidificando e se exteriorizando. É claro que algumas reformas você já fez, mas, quando era adolescente, quando foi começar um trabalho ou coisa assim, estava empolgado porque ia se sentir adulto, independente, porém, você segue ainda com poucas capacidades e possibilidades porque seu espaço é restrito. Você luta no serviço, na adaptação, só porque o espaço é pequeno e não porque não exista possibilidade dentro de sua estrutura.

O trabalho, então, transforma-se em um grande pesadelo, um grande cansaço. O cansaço, na verdade, é interior, porque você tenta suprir as necessidades pelas quais passa e não pode inventar moda. Você não pode estar de qualquer jeito. Não pode fazer nada do seu jeito. Não pode estar com quem você queira estar. Não pode ir a todos os lugares. Não pode ter sempre a mesma cara. Não pode rir demais. E aí, cada vez mais, o espaço e a flexibilidade do ser vão diminuindo. Tudo é feito com muito esforço porque o espaço é pequeno, mas a necessidade é grande.

Eu quero viver, me realizar, ter experiências no espaço afetivo. Em que espaço afetivo você vive? Talvez nem o tenha mais. Diminuiu tanto, complicou-se tanto que é melhor nem olhar para esse lado. O que lhe disseram? Que você não é amado, não é certo, não é adequado e que seu jeito é complicado, errado? Que não pode sentir assim, não pode querer experimentar, tem de ter juízo, não pode descobrir, tem de ter intenção, regra?

Seus sentimentos eram considerados errados e foram diminuindo, então, o espaço afetivo, que é um espaço riquíssimo de possibilidades, de conquistas, foi se resumindo a uma tragédia, à dor, a uma insatisfação dolorosa. Sempre dolorosa porque na afetividade aquilo que pode trazer prazer pode trazer dor também.

O espaço que está aí dentro é o espaço que foi sendo formado. Tome consciência de que você mora em um espaço que foi se formando sem sua lucidez. Lucidez que você está criando agora.

137

Se quiser transformar não só a qualidade de vida interior, mas também a qualidade de vida exterior, você terá de transformar o espaço. E não adianta se não compreender que é assim e não compreender sua história, porque, apesar de estar em um espaço apertado, dificultado, você teve experiências desagradáveis com esse espaço, que reforçaram a ideia de que as coisas eram assim e a perda da fé de que poderia ser diferente.

A esperança é apenas um delírio e não uma certeza interior do espírito; a esperança que brota do nosso ser dando-nos a certeza do melhor. A esperança que você cultiva, contudo, é apenas um hábito para evitar a depressão decorrente de um sentimento de falência, de perda, de insatisfação. Então, continue firme e positivo, com esperança. Você teme o precipício da insatisfação e que ele possa acabar consigo. Obviamente, se você encarar tudo isso friamente, não se consumirá afetivamente com aquela visão que terá de sua vivência. Uma visão tão intensa que até o fará esquecer de que teve coisa boa, pois ela se apodera de você e o extermina: você tem toda razão.

Mas esse não é o nosso objetivo. Embora tenha feito coisas para equilibrar sua situação, você não a resolveu a contento. De nossa parte, queria dizer-lhe que o espaço interior é fácil, muito fácil de mudar se você estiver disposto a isso. Algumas vezes, já aconteceu em sua vida. Mulher faz bem isso. Muda o cabelo, troca a maquiagem, troca de roupa e já vestiu outra mulher. Às vezes, ela faz isso com tanta profundidade que transforma o espaço dela. Para o homem que gosta de um corte de cabelo até o juízo final, fazer alguma transformação necessária na própria vida é mais difícil. Há também aqueles que fazem isso ou aquilo no cabelo, que mexem no modo de vestir e transformam o cenário interior para a mudança no cenário exterior. São aqueles que aceitam a inquietação com inteligência, porque estão desconfortáveis.

Não sei como você está nesse espaço, mas parece que está desconfortável. Está parado só porque está cansado. Será que, atualmente, esse espaço está servindo para seu espírito? Esse espaço está dando alimento de vida suficiente? É só um espaço, mas é o espaço interior em que você vive. Não há outro.

Eu quero que você se sinta bem apertado, porque pelo menos essa é a realidade. Não façamos rodeios; façamos uma solução, procuremos a transformação adequada. Debater-se lá fora não lhe dará melhores condições. Ficar aí dentro brigando com o espaço também não adiantará nada. Como você pode ser diferente? Como pode conceber que você será diferente? Quebrando a rotina? Quebrando sua imagem na família? No grupo social? No grupo de trabalho? **Você quer abundância, mas não quer mudar.** Eu sei que você quer a mudança, mas quer mudar? Isso não o assusta? Você já é forte o suficiente para a reação do mundo? Para outro ambiente interior? O que esse ambiente novo terá? Quando você sentirá que deve começar nesse novo espaço? O que parece ser mais urgente nesse novo espaço para você? Pense em ser uma pessoa que existe porque sente. Em ter um espaço enorme para sentir.

Você costuma policiar sentimentos porque são considerados impróprios e não se deixa investigar, ir fundo, para ver aonde eles o levarão? Como você realmente sente aquilo sem que a cabeça fique lhe dando palpite dos outros? Eu, sozinho, como sinto isso? Não quero definir com a cabeça, quero sentir. **Cada um tem uma necessidade importante para pôr no espaço novo, que fará toda a diferença em sua existência.**

Do que preciso nesse espaço novo? "Ah, eu me sinto perdido no espaço". Você está completamente perdido. Falta-lhe um centro. Pense: "No centro sou uma pessoa absolutamente feliz, que não sente a menor necessidade de fazer pose para ninguém, que vive só o que me dá prazer. Uma pessoa que não precisa do amanhã para ter certeza, que não precisa ver para crer, que apenas sente". Está sentindo?

Quando você se abre para o prazer, o espírito vem. O prazer é um espaço onde o espírito está presente. Você está procurando uma certeza. O espírito é a certeza.

Você não cria com a mente. Cria abrindo um novo espaço e, claro, utilizando a mente, em que jamais se perde porque sente. Não faça nada com a cabeça, mas sinta. Aí virá a sensação que lhe dará segurança, orientação, caminho. Muitas vezes o que vem de lá é "não esquente; vá fazer outra coisa". Isso é sinal de que o espírito está tomando conta. Então, esse espaço é onde o espírito está presente, onde você não tem mais que resolver tudo com a cabeça, mas tem uma máquina interior que resolve.

Por que você está sempre tentando decidir na cabeça? Não consegue decidir nada porque a mente é impotente. Ninguém nasceu para a decisão nem foi feito para isso. Foi feito para outras coisas também importantes. **Decisão é coisa do espírito, que tem o senso para saber decidir.**

Entre no espaço da alegria leve e natural. Nada, absolutamente, é trágico, e se a mente fizer tragédia, dê risada. É aí que o espírito entra e toma conta. Há um espaço interior em que a alegria vive, e é tão fácil!

Mas como crio esse espaço? Vou ficar alegre! Pronto! Já estou alegre. Em mim só há alegria. Não tenho cabeça para pensar sério em nada. A seriedade está perturbando meu crescimento e meu desenvolvimento na vida. Não estou chegando a nenhum lugar, estou morando em um lugar ruim, na condição de favelado. Está muito ruim viver nesta favela. Meu negócio aqui comigo é um circo, porque eu sou da alegria. Eu me permito rir de absolutamente tudo de mim e dos outros. Quanto mais o outro faz cara séria, mais risada eu dou.

É preciso ser corajoso para ser alegre e feliz em uma sociedade tão repressora, tão negativa, que nos embutiu e embutiu nossos sentimentos na prisão das desgraças e das torturas, dos pecados e de toda aquela coisa de culpa, de medo. Eu, contudo, sou feliz. Tenho o espaço da felicidade porque me divirto com tudo isso.

Vamos! Faça o espaço. Nada é grave. Com esse negócio de grave deixaram-nos mortificados com a vida e ligados com a desgraça. Você não passa devagarinho por um acidente para ver se há um pedaço de corpo ali, para ver um jornalzinho cobrindo, e para depois dizer "ai, que horror!"

(risos)? Passe por lá e diga: "Ah, ainda bem que não é ninguém que eu conheço. E, se for, que vá com Deus!" (risos). Ninguém desaparece, só muda. Foi convidado a mudar. Se não mudou em vida, terá de morrer para mudar. E assim, seu espaço passa a ter alegria, leveza. Isso é fundamental. Essa é a técnica, que, por sinal, é muito simples.

Primeiro, busque o que precisa. O que preciso para ter meu espaço novo muito melhor que o antigo? Um espaço onde não me magoe e não precise provar constantemente quem eu sou? **Pense em uma pessoa que não se prova e que, por não ter de provar nada, vive provando a vida.**

Entre no "posso". Posso em mim e me meto em tudo o que me atrai. Não penso, vou. "Ah, queria tanto conhecer isso...!". Vou lá e... pá! Este espaço é meu. Estou abrindo um espaço no qual possa me articular. Meu espírito tem sede de coisas diferentes de mim e importantes para movimentar minha vitalização, meu conhecimento, minha evolução. É um espaço de aprendizado muito rápido, sem as limitações das pessoas. É um pouco inquieto, mas não aflito. Não, eu aprendo rápido e transformo rápido.

Rapidez é bom. Os rápidos são diferentes de pessoa para pessoa, mas isso não conta porque se trata do temperamento de cada um. Eu moro em um espaço absolutamente confortável para mim e seleciono o que vai ter ou não nesse espaço de acordo com o que quero. Não olho para o que não me interessa nem perco tempo com encrenca. Sei que as pessoas estão no espaço delas, que têm encrenca e que elas viverão encrenca.

Quando seu espaço começa a se redirecionar, você atrai pessoas afins. É extraordinário como começam a aparecer pessoas à sua volta com a linguagem desse espaço que você está constituindo. Quando começar a aparecer, você observará: "Viu como está funcionando? Eu já me sinto outro. Criei uma coisa melhor para continuar minha evolução e que já está se manifestando". São pessoas com outra dinâmica, muito mais amplas, arejadas, sem preconceitos, curiosas para ouvir tudo, saber de tudo, sem fazer ideias mesquinhas. São pessoas que conversam abertamente sobre diversos assuntos, sem ideias rígidas.

Criarei no meu espaço uma pessoa sem opinião, afinal, estou sempre mudando as opiniões, sempre mudando tudo. É claro que essas mudanças não são casuais; são fluxos de suas experiências. Nada é mudado por acaso. Você muda porque cansou de uma ideia. Veja-se em casa, cheio de manias. Deus me livre! Mesma hora de se levantar, mesma hora de escovar os dentes e usando sempre a mesma escova (gargalhadas). Não é possível isso! Você não anda descalço?! Como pode? Nasce no Brasil e não anda descalço? Que limites foram esses que você fez? Que não come aquilo, que não experimenta aquilo, que tem medo daquilo. Que ambiente é esse? Tudo restrito, exigente, mesquinho, pequeno. Bom, se eu gosto, eu gosto, mas quem diz que não vá gostar de outras coisas? Por que não me permito apreciar outras coisas? Ah, porque suja o pé. É bicho da terra e não quer sujar o pé (risos). Como nós nos limitamos, não? Que palhaçada fazemos conosco! E o pior é que ainda queremos que os outros façam igual.

O novo é fundamental

É muito interessante quando nós não nos limitamos frente às novas experiências, que são fundamentais para o crescimento e o arrojo de nossa vida profissional, social, afetiva, porque há um clima criado dentro: o clima do "posso", da capacidade. O clima de que, mesmo tendo que enfrentar uma situação não vivenciada antes — e isso é comum e natural, pois a vida é sempre inesperada —, eu encaro e vou.

Seja uma pessoa tranquila para a novidade, que esteja sempre aprendendo tudo, que já desenvolveu a ideia do jeitoso que está fluindo. E que, se ainda não desenvolveu, inventará moda porque está treinando não apenas aquilo que está fazendo, mas está cultivando todo um ambiente para trazer constantemente o novo em sua vida. **Crescer é mudar sempre.**

Crescer é lidar bem com o novo, porque tudo que vem em sua vida é sempre o novo. Então, nesse espaço, eu o aconselharia a nunca mais encrencar com nada nem se queixar de nada. Nada é terrível. O diferente, o não previsto, é natural. Fique aberto ao novo: "Estou fazendo as coisas e não sei no que isso vai dar". E se a intuição do espírito vier e lhe der a certeza, vá em frente, porque o espírito nunca erra! Minha imagem não é importante, mas meu espaço interior é.

Troque a preocupação do velho espaço com sua imagem na família, do ambiente social pelo seu ambiente interior. Quanto mais você reelabora e amplia esse ambiente, mais ele se projeta nas pessoas. **É preciso viver de dentro para fora.**

Não viverei na vontade do mundo; o mundo, sim, viverá na minha vontade. Contudo, o de fora, como está atado ao de dentro, não pode ser diferente de jeito nenhum.

Exercício de posse

Posse é poder. Diga: "Eu posso ser outro. Posso ter outro espaço interior. Posso até mudar o passado, modificando a visão dele". E assim o passado deixa de ser o mesmo, não provoca as mesmas lembranças e não provoca os mesmos sentimentos. Sou um homem do agora, das condições atuais. No meu espaço, o tempo não passa. Eu permaneço o mesmo jovem de sempre.

Espaço da saúde

É por isso que muitos vivem cem anos. Os fatos passam, as memórias passam, as tragédias passam, tudo passa, mas a pessoa permanece jovem em um espaço jovem que sempre ocupou. Nada convencional, claro. O convencional está velho aos quarenta anos. A matéria segue as pessoas que criam um espaço não convencional. Há um espaço onde põem saúde absoluta e passam a vida inteira com saúde perfeita.

Em seu espaço há doenças. Você tem plano de saúde já esperando, porque a conta do médico é salgada. Você é "adoentável", vai sempre à farmácia e conhece aquela que está sempre aberta à noite (risos). Em seu espaço há remédios, exames, médicos, problemas e hospitais. Há velhice, fim de afetividade, de sexualidade, aposentadoria, e você acaba se tornando um fóssil (risos).

Você me desculpe, mas seu espaço é convencional. Apesar de você ser espiritualista e sair do convencional, pelo menos na linha em que nós estamos trabalhando, o espiritualismo, você ainda é muito convencional. Mas, está em tempo, senão não estaria ouvindo isso.

E a velha mania de dormir de meia? (risos). Quando você cria um espaço, cria uma série de sensações. Seu metabolismo funciona nesse espaço, e, mesmo não estando frio, você sente realmente frio, ou pelo menos tem a sensação de frio. Da mesma forma acontece com a sensação de calor. O estado bioquímico e energético depende do espaço que você criou. A doença, a resposta do bicho, do corpo, das sombras estão em função do espaço que você criou e alimenta. É lógico que o espaço compõe todos esses elementos que são influenciados pelo que você proporcionou, direcionando as energias desta ou daquela maneira, causando esta ou aquela reação em todo seu metabolismo.

O espaço interior da pessoa muito pequena, muito magoada, é absolutamente doentio. O espaço do estressado, que faz tudo no mundo morrendo de medo, é de uma pessoa que está acabada. Ora, toda bioquímica seguirá as reações do pensamento dela. Vem o desespero de se ver impotente, porque ela acredita naquilo, o espaço dela é aquilo, e por mais que lhe digam que há um milhão de jeitos, ela ainda estará limitada naquele espaço e a vida dela será aquilo. O metabolismo dessa pessoa segue o que ela acredita.

O metabolismo está em função das reações, principalmente do magnetismo, que envolve os campos magnéticos gerados por nossos centros de força, que trabalham exatamente pela construção da teia que a mente cria como espaço interior. É por isso, por exemplo, que você é outra pessoa quando viaja. Isso acontece porque você sai do ambiente que mexe com seu ambiente interior e, mexendo com seu ambiente interior, você tem reações completamente diferentes, disposições que não tinha, vontade de se divertir, de ver, curiosidade de fazer tantas coisas, de ficar em atividade até tarde, tudo o que não tinha. Você tem outro senso. Está na esportiva, como dizem, e quer aproveitar o máximo essa oportunidade. Come, não engorda e ainda emagrece. Ora, existe outra condição, outro espaço onde está abrindo-se naquela experiência maior, deixando o espaço maior e mais rico prevalecer e permitindo-se viver nesse espaço mais rico, o que dinamiza completamente seu metabolismo.

O magnetismo é o que rege as cadeias e a transformação que existe na bioquímica física. O magnetismo trabalha em vários tons e teores, dependendo do seu estado e daquilo que você cria com o estado ou com o ambiente interior. Todas as combinações podem ser feitas dentro de um organismo, desde que ele tenha, como pessoa e como espírito, mobilidade para isso. Daí a disfunção ou a reorganização da função, resultando no surgimento de um câncer ou de uma cura. À medida que o espaço interior entra no processo de recuperação, ele começa mudar a pessoa em seu ambiente interior psicológico. De repente, ela diz: "Eu quero viver, quero sair disso". E pronto! Ela começa a pensar em tudo aquilo e abrir aquele espaço em que vivia para um novo espaço: o de fazer uma série de coisas que não realizou na vida, e, então, a doença não a pega mais.

Veja como todo o metabolismo da pessoa reage. Inicia-se um processo de recomposição — pois ela mudou toda a sua bioenergética, todo o seu processo magnético —, e as mensagens começam a ser processadas de um modo diferente, abrindo departamentos da sabedoria corporal que o espírito promove, reconstruindo de forma até melhor que antes. Essa pessoa não só se curou, como agora está muito mais jovem. Perdeu a barriga e ficou mais bonita (risos).

Barriga encalhada é o espaço do encalhado, de quem precisa de segurança e de apoio. Um espaço horrível, mas que precisa de peso, de segurança. Essa pessoa apavora-se e machuca-se com o novo. É um espaço pequeno. Tudo é perigoso onde não pode se arriscar com nada. **Quando o espaço é pequeno demais para o espírito, machuca.**

O espírito precisa da remodelação temporária, por isso nós encarnamos e reencarnamos. Nós precisamos de reformulações, de remontagens para nossas novas etapas. Muitas vezes, somos forçados pelo próprio espírito a grandes viradas em nossa vida, sejam elas econômicas, físicas ou emocionais. Uma pessoa perde, por exemplo, a companheira ou o companheiro e, então, é obrigada a lutar por uma nova vida. Estava encostada, naquela vidinha de casada, e agora, para não ficar sozinha, precisa se virar, lidar com a aparência novamente, porque nesse tempo todo na inércia destrambelhou tudo. E quem que vai querer alguém assim? (risos).

É hora de começar um processo de mudança de vida, que geralmente é maravilhoso. É claro que há pessoas que podem recusar a mudança e apodrecer naquele inferno — que fica pior depois que perdem alguém —, contudo, é opção delas e elas aprenderão com isso. Nós, no entanto, podemos fazer e devemos. Quando nosso ser está cansado, clamando pelo maior, e decidimos que faremos um curso de prosperidade é porque está na hora de mudarmos nosso espaço interior. A vida tem de tomar novas cores e novas dimensões.

Riqueza

O que mais deverá existir em seu espaço? Dinheiro? O que poderia ser dinheiro dentro do espaço interior? Dinheiro é uma coisa tão natural. Absolutamente natural. Em meu espaço, riqueza é natural. Rico é meu ser. Eu sou rico de ideias, de talentos. Tenho riqueza de várias formas. Por que, então, não exteriorizo a riqueza?

Você é uma pessoa rica ou acha que não terá de ler o manual para aprender a mexer com o aquele aparelho novo? Porque tem muitos botões e é melhor chamar meu filho (risos). Então, seu universo é pequenininho, seu universo é de pobreza. Você não anda, não caminha, não atende às solicitações da evolução, da tecnologia, enfim, das coisas que estão aqui no ambiente à disposição. Você comprou um aparelho maravilhoso, e aí fica olhando para ele como se fosse um enigma, um extraterrestre que chegou à sua casa.

Você está fechado. Não é rico, não acha delicioso que ele seja novo, não pega o manual, não chama todo mundo para ver, não tenta fuçá-lo. Assim, você não está na vida. Sua vida é pequena. Até hoje briga com o computador porque não aprendeu direito a manuseá-lo. Onde está a riqueza? Você não é uma pessoa rica porque seu espaço não é rico, porque não explora as maravilhas do mundo. Porque não se permite aprender, conhecer, multiplicar-se em profissões e habilidades. A diversificação é um exercício extraordinário não só de vida e de juventude, mas também de dinheiro.

O dinheiro é fundamental e, geralmente, ele não chega direto à sua mão. Você precisa ter uma ideia, construir, mudar alguma coisa para que ele venha. Às vezes, nasce uma ideia tão boa e tão bacana porque você se aventurou a experimentar. Aquilo, então, começa a pegar fogo, e o dinheiro vem por consequência.

Você espera que, em seu mundo pequeno, no qual não conhece todas as funções do seu celular, ficará rico? Seu espaço está muito pequeno, e rico precisa ter espaço maior, porque ele é aberto à abundância e de natureza interessada. Os ricos são sempre pessoas muito simples, que estão sempre interessadas no que estão fazendo, que fazem e farão milhões de coisas na vida. Preste atenção na personalidade dessas pessoas. Elas estão sempre prontas para o novo, para outras coisas, mesmo que sejam originais, exóticas, pois até esse gosto de milionário ser exótico e original já faz parte da multiplicidade com que ele permite se expressar.

Você não descobrirá nada se não for olhar atrás do muro. Está todo mundo lá. Não sei o que estão fazendo, mas, se não for atrás do muro, não descobrirá. Há muita gente lá. Há barulhos estranhos (risos). Por que não vai atrás das coisas, por trás das coisas, para estender a riqueza de sua visão, de seu horizonte? A esta hora da vida, quantas profissões você já não poderia ter? Pelo menos umas seis! E certamente as estaria desempenhando bem.

Como crescerá valor aí, se você não explora seu próprio valor? Você não crê nas possibilidades dos valores e enterra seus talentos dentro da cerca pequena do seu mundo mesquinho, acomodado.

Tudo que tem valor gosta de quem gosta de valor. E valor não é apenas o contingente impresso em um objeto pela sua raridade ou pela maestria de quem o executou.

O que traz mais valor para o ser humano é acreditar em suas capacidades e colocá-las constantemente à prova no exercício de suas habilidades, desbravando-se amplamente e arriscando-se.

Seu problema é que você tem um espaço tão pequeno que não quer risco, não quer fazer feio, não quer dar bola fora, considera humilhantes e ridículas determinadas coisas, tornando o espaço cada vez mais pobre.

Você quer tanto o dinheiro, mas o que tem para oferecer em troca? Por que o dinheiro iria procurá-lo em abundância? Ora, seu espaço não tem riqueza!

Quanto mais riqueza você tiver em seu olhar, em seu sentir, em seu ouvir, em seu estar, mais o dinheiro o procurará. E, quando estiver nesse espaço, você verá: "Lógico, é natural que ele venha! Nem me preocupo com isso. Dinheiro é uma coisa com a qual não me preocupo. Estou ocupado com outras coisas que me interessam mais, porque o dinheiro vem e flui. Eu exploro to-dos os valores. Eu dou tanta consideração a mim que não me deixo ficar parado nenhum instante. Não há nada que me impeça de aprender algo ou de me meter a fazer alguma coisa que não tenha feito ainda. De querer sentir e dar oportunidade às minhas habilidades de florescer, nem que seja aprender a fazer um arranjo de flores ou um curso de maquiagem".

O que interessa é a habilidade e a importância dada às nossas habilidades. Pessoas ricas sabem produzir e aproveitar toda a riqueza de possibilidades que a natureza lhes dá. Você usa quanto de suas habilidades? Cinco por cento? Seu espaço interior é assim: você já sabe o que acontecerá aos 50, aos 60 e aos 70 anos e, até para depois da morte, já tem um contrato com o Calunga (risos).

É realmente lamentável! É preciso trocar esse espaço. Você quer dinheiro? Ótimo! Então, vamos colocá-lo em seu espaço. Coloque em seu espaço: "Estou quebrando quem fui para me fazer uma pessoa que quer saber tudo, experimentar tudo, perceber minhas habilidades, conhecer de tudo o mais que eu puder, pelo menos ter uns quatro cursos por semana de matérias completamente diferentes. Quero ter novas profissões enquanto estou trabalhando, exercendo outras habilidades".

Comece a vestir. Comece a pôr em você. Comece a recolocar sua figura no mercado, no fluxo da sociedade. Recoloque-se em seu espaço.

Nesse espaço você é polivalente, e não tem essa coisa de tempo, não!

Tempo é inteligência. Quem o usa bem tem tempo para tudo. Só os burros não têm tempo. Então, faça-me o favor de fazer um espaço onde você seja inteligente. Um espaço onde você consiga de um jeito extraordinário, cada vez mais rápido, fazer tudo. É só puxar e estará aí. E quando há interesse envolvido, é rapidíssimo! Resolve as coisas em um segundo e ainda se divertindo.

Faça seu espaço sem drama. Um espaço no qual possa recriar novas ambientações e produções em um cenário deste momento, desta sociedade, estando verdadeiramente presente no momento. Tudo isso é o que traz a riqueza. Crie um espaço de versatilidade.

Com um espaço versátil, não há como alguém não ser rico. Não só em todos os campos a que se liga, como no fluxo do bem, da prosperidade, da abundância, do dinheiro, dos recursos. Diga: "Eu sou um ser de recursos. Reconheço e exploro os recursos, e a vida responde com recursos, que não são só dinheiro, mas pessoas, situações e uma porção de coisas de que preciso".

O dinheiro procura pessoas assim, porque elas sempre fazem muito não só para si mesmas, mas para o ambiente também. Essas pessoas interessam-se pelas coisas, envolvem-se, engajam-se, participam, criam, recriam e querem fazer mais. São pessoas que mudam o mundo e fazem o mundo andar. Dinheiro é valor. Dar valor a si mesmo não é só sentir e dar importância ao que sente, mas também explorar os potenciais de seu espírito, dando-lhe oportunidades, quebrando o conformismo e os medos e arriscando-se.

Só espiando atrás do muro você verá como as pessoas prósperas fazem e para isso terá de sair dessa tranquilidade. Há pessoas vivendo em espaços interiores maravilhosos, absolutamente prósperos. Pessoas que passam e vivem a mesma dura realidade social que você. Por isso, não vejo por que você não possa fazer o mesmo. Está tudo aí. Há pessoas que começaram aos 50 anos, outras aos 70. Experimentaram essa mudança em seu espaço interior e tiveram sucesso.

Vamos, diga: "Em meu espaço não falta nada. Tudo vem em abundância. Reescrevo minha história em minha mente e toda a minha visão de mundo. Reescrevo em meu espaço: 'Tudo na minha vida foi abundante, até a dor que me despertou. Tudo é riqueza. Tudo que aconteceu foi só para meu bem e meu desenvolvimento. Claro! Eu estava parado desde a outra vida'".

Meta-se. Não, não tem segurança. Nada tem segurança. Será que você deixará aquele povo estranho atrás do muro fazendo aquele barulho, sem dar uma espiadinha? Você acomodou-se tanto que só o sofrimento conseguirá quebrar essa estrutura. E quando alguém tem na família um parente que era pobre e ficou rico, o caso é ainda mais grave, pois a pessoa tem o exemplo do lado e, mesmo assim, não viu nada. Só uma porrada bem forte para ela perceber! São as condições de pressão. Sempre chega a hora em que o espírito tem de pressionar. Como ele continuará sua evolução com uma estrutura rígida, fechada, e ainda sujeito a perder a reencarnação? Como fará? Até que ponto ele tolerará? Você mesmo não aguenta, tanto que está aí no tédio querendo morrer.

Alguém precisa fazer alguma coisa produtiva que, por mais que seja assustadora ou dolorosa, a leve a alguma coisa boa no final. Tudo isso é assistência na abundância da vida. A estrutura da consciência universal é fabulosamente abundante, rica e generosa, e nós estamos aqui ampliando nosso espaço.

Para terminar, quero que você caminhe, repensando no espaço que criou e o que ele tem dentro e ensaiando internamente como ele poderia ser diferente. No que você teria de crer, no que deveria se dar o direito e no que deveria deixar pra lá.

Mastigue a ideia, porque a ampliação do seu espaço interior é bem mais fácil do que você pensa. A ideia é que é nova. Portanto, quero que a ideia fique com você.

Se eu quiser a mudança externa, terei de melhorar o ambiente interior. E esse ambiente precisa atender aos meus anseios e às minhas necessidades. Estou precisando, porque estou cansado e não estou aguentando. O que preciso ver? Como vou me refazer?

É preciso recomeçar a vida, e ela sempre recomeça no dia e na hora em que você decide fazê-lo. **Nada fica como está quando você decide que iniciará uma reforma.** Esse é o grande poder que nós temos, então, aja em seu benefício. Mude o espaço, mude as características desse espaço. Transforme-o até que seu espírito esteja sorrindo, feliz, sentindo que o que está sendo criado é melhor do que tudo aquilo que foi criado antes, porque ali houve a participação dos outros.

Crie agora um espaço interior do seu gosto, com coisas de que gosta, assim como você faz com sua casa. Coloque aí dentro apenas o que gosta: qualidades, virtudes, chances, possibilidades. Comece algo novo. Não deixe a oportunidade passar. Saboreie as oportunidades. **Dê-se a oportunidade de aproveitar as oportunidades que lhe dão habilidades.**

Você pode bem mais e, quanto mais desenvolve as habilidades, das menores às maiores, mais rico você fica, mais seguro você fica, mais possibilidades você tem na vida. E lembre-se de que **dinheiro é poder.**

ENCERRAMENTO

Mauá

Elevar-se

Hoje, eu fiz um estudo de um item que fosse tão importante a ponto de o deixarmos por último, ao mesmo tempo em que pudesse causar mais uma transformação significativa em você, em sua vida, em sua prosperidade. Falo da palavra "melhorar". Melhorar é sair de uma condição boa para uma melhor, ou de uma pior para uma melhor, mas sempre sair de um mundo para outro mundo, de um plano para outro plano. **Melhorar é se elevar.**

Assim aconteceu em sua vida econômica. Você foi adquirindo independência e progresso e foi se elevando na camada social, nas possibilidades de obter bens e usufrutos, podendo, assim, realizar coisas que não podia em outra camada.

Então, você se elevou na escala social. E, dessa forma, de nível em nível, vai seguindo.

Nós precisamos compreender que o próximo passo que cada um precisa dar não é para a frente, mas para cima.

"Ah, eu vou pra frente!". Se o fizer, você ficará na horizontal. Agora, você dirá: "Vou para cima. Estou trabalhando para o próximo degrau, próximo patamar, próximo nível, próximo espaço, próximo astral. Eu vou para cima".

Quando nós falamos "vamos para cima", mensagens de crenças terríveis impedem-nos de subir. Obviamente, são apenas ilusões, porque o poder e as chances estão em você, que já fez isso em vários níveis de sua vida, mas que, para prosperar, precisa subir e ser mais que os outros. Isso já é perturbador. É proibido dizer que você é mais que a empregada, mas é. Olhe os conceitos, olhe as ideias. São os conceitos pregados a respeito da humildade brasileira. Há empecilhos para você considerar, há empecilhos para você estar no próximo patamar. A hipocrisia ensina-nos que o melhor é ir, mas fingimos que não fomos. É um pouco complicado isso, não acha? É bem complicado, mas até que vocês se ajeitam, disfarçando, desconversando, temendo a reprovação alheia das consciências mais pobres que facilmente se apegam a isso.

Ora, se essas pessoas estão lá embaixo é porque se apegaram a isso. E se você está em um degrau mais alto é porque não se apegou muito. Talvez, movido pela vingança de ser melhor que seus pais, você foi. Vingança também move. "Vou mostrar quem eu sou!". Isso se chama vingança. Uma coisa bem feminina (risos). Como se nós, homens, também não nos vingássemos (risos).

À porta do próximo degrau, você tem de enfrentar, dissolver algumas faixas aí dentro para que a passagem seja feita com elegância, facilidade, fluxo e para que seu espírito possa se expandir. Os conceitos de humildade são sempre conceitos que nos rebaixam. Declare: "Sou melhor que os outros. Sim, mais que os outros". Quando você declara, a elevação vem.

Eu sei que sei, estou podendo medir, é real, mas espere! Já vem a cabeça dizendo: "Não afirme isso, seja humilde. Não seja pretensioso". Mas, é verdade. "Não se exiba, pois você pegará inveja". Coisa de brasileiro. Só no Brasil inveja pega.

Desse modo, quando queremos crescer, nós temos de deixar de nos afirmar para os outros. A alma precisa desligar-se, desatar-se de um nível para que possamos ir ao próximo. Precisamos nos desatar desses conceitos, dessa moral, dessas pessoas, dessa pressão e nos preparar, porque já sabemos como as coisas são. Sabemos que isso é lá fora, no mundo, mas que não será mais aqui dentro. Digam: "Eu estou me projetando para a próxima etapa. Estou me desvencilhando deste astral para ir para o próximo".

É um trabalho de mudança de faixa astral. Isso é fundamental, porque ali você terá outros poderes e outras experiências nos ciclos de sua vida. Então, terá de enfrentar e abrir esse teto que o impede. A falsa modéstia, a falsa humildade, os falsos valores têm um peso, não porque não conheça que tudo isso é falso, mas você aprendeu a se firmar neles. "Tenho de ser para que o outro me reconheça, me aceite. Assim, me apoio nos outros, me afirmo no mundo e faço as coisas para me afirmar no grupo". E, dessa forma, você mantém-se preso nesse astral.

Por mais que suas ideias tenham evoluído, você ainda precisa desatar os laços com essa mentalidade para se libertar. A compreensão da verdadeira humildade você já tem. É a verdade de cada um. "Sei o que sei, não sei o que não sei".

O astral que você vê e onde está não funciona assim. A pretensão, o exercício de reconhecimento de qualidades e conquistas, é altamente impróprio. É impróprio se destacar. É impróprio ter qualidades e virtudes, porque as pessoas interpretam que isso é estar acima dos outros. Você está humilhando o outro, é metido, de nariz empinado, arrogante. Logo vêm as restrições com ameaças de punição afetiva, rejeições e outras coisas, das quais você não tinha firmeza em si, abalando-o. Hoje, você começará a aprender isso.

Eu preciso só me afirmar em mim. Não posso mais tentar segurar esse jogo, porque isso me segurará, eu ficarei com minhas frustrações e depois me complicarei. Declaro que minhas coisas progredirão, porque quero progredir com elas. Não posso mais ficar atado. Tenho de me projetar para um universo acima deste onde as coisas funcionam e não ficar aqui embaixo, no mediano.

Afirmar em si e inferiorização

É você quem sai de um astral e vai para outro. Você precisa mudar, reparando em como sua vida foi se afirmar fora, projetando para fora seu poder. Traga-o de volta. Diga: "Meu bicho de força, traga meu poder de volta. Largarei este astral e esses costumes que herdei da família, que está aí na faixa dela. Sairei do mais ou menos. Preciso ter o que necessito. Sairei dessa mentalidade de classe média e largarei esses conceitos de que tenho de me rebaixar. Ficarei com a verdade e não com a hipocrisia. O que sou, sou; o que sinto, sinto; o que é, é. Não me rebaixarei, não me esconderei, não me negarei, como sempre fiz".

Cada vez que você se nega, desce de nível. Diga: "Não mais me afirmarei lá fora para parente nenhum. Quem precisa saber de mim sou eu. Para a próxima etapa, tenho de ter uma confiança muito boa em mim".

Você sabe das coisas o suficiente para se colocar muito bem. Tem estudo, experiência, meditação, confiança. É disciplinado, sabe levar quando quer, sabe ter visão, sabe viver com a alma. Diga: "Eu me afirmo em mim. Definitivamente, sou diferente e aceito isso como uma grande vantagem".

Saia da comparação. Deixe esse astral de se perder no mundo, de deixar de seguir seu caminho e de assumir a herança que o universo lhe traz. Volte para sua dignidade de espírito livre. Assuma, profundamente, a eternidade em você, e fim de papo! Você já sabe, já teve todas as provas, portanto, aja com coerência. Pare de fingir que não sabe as coisas para fazer média com os outros. Pare de se explicar, de se justificar para se afirmar para os outros. Pare de dar poder aos outros, pois assim você não anda um passo avante.

O poder tem de estar em suas mãos para fazer as coisas que queira projetar darem certo. Pare de se inferiorizar para parecer igual aos outros. "Ah, eu sou igual a todo mundo". Não é. Nunca foi. Não minta. Você mente tanto que se acostumou com a mentira — tudo para se afirmar e ser aceito pelos outros. Caminho é para frente, caminho é excêntrico, diversificado, onde cada um terá de usar seu próprio poder em um destino desconhecido.

Deixe de ser uma pessoa comum. Se há pessoas melhores que você e que os outros é porque aceitaram ser incomuns. A média está na miséria. **A vida melhora para aqueles que aceitam ser incomuns. E danem-se os que acham que isso é pretensão!**

O que seria deste país se não tivéssemos a pretensão de sermos melhores do que fomos? O que seria de nossos filhos e netos se não deixássemos uma herança de transformações sociais? Queremos, sim, o melhor e devemos querer o melhor. Temos a responsabilidade de querer o melhor. O mundo que virá depende do que você fizer e talvez seja você mesmo retornando.

Definitivamente, apaguemos de nós a inferiorização. Não há absolutamente a necessidade de nos parecermos aos outros. Diga: "Eu me liberto de me comparar e de me forçar a me parecer igual aos outros". Olhe onde você está. Falando com um defunto que berra (risos). Você é um bicho raro, graças a Deus! Graças à diferença e à coragem de assumir essa diferença, sem essa falsa modéstia ridícula que o prende lá embaixo.

Diga: "Eu não me afirmo para os outros. Eu não respondo, eu não explico. Não tenho necessidade de ser aceito. Não tenho necessidade de ser entendido nem de ser amado e de porcaria nenhuma. Por quê? Porque já estou em mim, me afirmo em mim e sou muito positivo em mim".

Sendo positivo, você acha que isso não repercutirá e as pessoas não o amarão? Não faça mais o caminho errado para conquistar o mundo afetivo, o mundo financeiro e o mundo de que gosta, das projeções, das artes.

O ato de conquistar está aqui para nós. É natural. Essa conquista é feita pela emancipação de nossas forças. **O espírito trabalha no invisível a nosso favor, quando nossas forças estão liberadas para isso**. E para isso é preciso mudar as atitudes mentais e as crenças que nos aprisionam nos astrais, que não nos trazem mais interesse porque já estagiamos ali. Já tivemos o que queríamos ali e agora é a hora. É muito bom passar pelas necessidades, pela pobreza. Descobrimos grandes valores e grandes coisas, no entanto, nos desdobramos pela sobrevivência e com isso conseguimos emancipar uma série de habilidades. Isso, contudo, já passou. Fizemos isso em muitas vidas e agora precisamos de novas experiências, porque temos uma consciência enorme, cósmica, social e queremos atuar em níveis mais significativos para nós e para o ambiente, uma vez que somos o próprio ambiente.

"Não mais vou me afirmar fora". Vigie. A mente está viciada nesse ambiente, nessas correntes do astral. Demora um tempo para você se desvencilhar dessas sintonias baratas e cretinas, que acreditavam que a inferiorização era o caminho da espiritualização. Que a mortificação, que a miséria, que tudo que é calamitoso desenvolvem o espírito. Um absurdo! Como pudemos crer numa coisa dessas, quando o espírito precisa da vida material para conquistar e se desenvolver nessas conquistas? Chegava-se ao ponto de dizerem que estudar muito fazia mal.

Na minha época, tinha isso: "Tá lendo muito! Isso não vai lhe fazer bem. Só estuda, estuda, isso é uma doença. Mulher não precisa estudar. Para quê? Elas se perdem, vão ter dor de cabeça" (risos). Acreditava-se piamente nisso. Ler já era o suficiente, e se uma mulher fosse professora, seria solteira eternamente (risos). Acreditava-se que

170

mulher com estudo era um problema grave, pois afetava os hormônios (risos). Tudo de cretinismo já ouvimos na vida, não? Para inferiorizar as criaturas, homens e mulheres.

No meu tempo, nós éramos os nobres. O mundo era dos nobres. A nobreza que mandava; o resto era plebeu. Uma coisa incrível ter mantido isso por tanto tempo. Só negro trabalhava. Eu trabalhava como nunca porque sempre trabalhei. Não tinha gente no Brasil? Eu ia buscar na Europa. No entanto, era um conceito ridículo o de que superioridade era ficar não fazendo nada. Que coisa absurda a maneira como as coisas eram classificadas! Tanto para a mulher como para o homem. Se o nobre trabalhasse, era grave. Os outros enxergavam isso como algo ruim. O homem nobre estudava, ia para a universidade. Parcamente administrava os bens e mais nada.

Claro que no Brasil era uma monarquia diluída de índio. Era muito engraçado. Uma pessoa chegava à casa de um conde e o encontrava de camiseta e tamanco, pois ele só vestia as roupas quando havia alguma cerimônia. De qualquer maneira, tudo acabou. O mundo de hoje é o mundo no qual eu gostaria de viver, de infinitas possibilidades de conquistas e progresso. De infinita capacidade de estudo e conhecimento. Há mulheres inteligentes em todos os lugares, livres, ativas na expressão de seu espírito. Há homens se realizando de mil formas. Este é um mundo extraordinário, com exemplos também extraordinários, porque as oportunidades são muito maiores.

Então, é hora de você usufruir melhor de tudo que está vivendo neste instante na Terra. É hora de você sair e se soltar. Desapegue-se de todas as pessoas e da necessidade de se projetar no sentido de ser aceito e compreendido. Lembre-se sempre de que tudo depende de sua postura aí dentro. Quando você se afirma, busca sua postura: "Para mim, eu sou fabuloso. Para mim, sou inteligente. Meu espírito é extraordinário e se manifesta muitas vezes em mim. Meu espírito é poder. Ninguém tem poder aqui. Só eu, sozinho, tenho e dependo só de mim".

Eu dependo só de mim — essa frase é fundamental. As forças espirituais dependeram e dependem de você contar com elas. As forças que liguei em você agora se manterão e dependerão de você. Até o mal depende de você. Absolutamente tudo depende de nós, de dentro de nós. Todas as forças de nosso espírito precisam de nós.

Portanto, não dependo das pessoas. Quando estou bem, estou firme, creio e escolho crer com a força do meu espírito que existe ajuda infinita à disposição e ajo na certeza de que tudo isso está fluindo, as pessoas úteis a você aparecem, porque estão precisando de você, pedindo ajuda para vender o apartamento (risos). E tem alguém que necessita desse apartamento naquele momento da vida. Há pessoas que serão felizes ali. Por que não unir uma coisa à outra? É porque você não está no fluxo do universo, da bênção. Você pensa que está, mas se inferioriza, pede a Deus. O que é isso? Como Deus poderá conceder-lhe algo, se você está lá embaixo? Então, levante-se e diga: "Sou uma pessoa maravilhosa! Deus me criou maravilhoso, por isso Ele me leva".

É outra postura. Eu sou maravilhoso, porque Deus, que é maravilhoso, só podia fazer uma coisa maravilhosa, como fez cada um. Se as pessoas se consideram dessa forma ou não, não é meu problema. Não nasci para aquilo ali que me inferioriza. Nasci para o que quero fazer, criar, realizar, construir, experimentar, me divertir muito, fazer coisas, me envolver em novos projetos.

Aquilo que vem do meu espírito, ele gosta e quer realizar. Não nasci para ser pequeno. Era mentira. Aquela humildade era falsa, e eu não sou assim simpático. Há muita gente que eu desprezo, principalmente os burros, os pobres de espírito, os cretinos. Eu me afirmo em mim; sou sincero comigo. É meu direito e meu dever selecionar onde me ponho, de não me identificar com aquilo com que não quero me identificar. Saia pra lá! Não quero nada com isso, com gente assim. Você precisa se colocar, se assumir e parar com essa falsa modéstia de querer tratar todo mundo igual. É mentira. Ninguém é igual e muito menos igualmente atraente para você. Tudo é falsa humildade, e é por isso que rico não dá bola. Rico só dá bola a quem o interessa e acabou. Mas, se prestar atenção, você notará que, mesmo na classe em que está, também se faz isso. Então, assuma isso! Para que essa hipocrisia? Banque essa posição com dignidade. Diga: "Eu tenho a ver com o que tenho a ver. Não tenho a ver com o que não tenho a ver". Qual é o problema? A maldade desse plano inferior? Esse plano inferior não leva o mundo para a frente, e isso servirá sempre até desenvolver novos caminhos, novos potenciais. Isso é o seu passado. Já acabou. Já lhe serviu.

Aqui é uma escola de patrão. Não é bom? De diretoria. Se está feliz no lugar a que chegou, é preciso chegar muito mais longe, com suas próprias empresas, com seus próprios projetos. Vamos subir para outro degrau! Ter outra visão maior significa encarar este mundo e o que ficará para trás. Depois, até eles serão beneficiados. É lógico.

Primeiro, a mãe nos ensina essa porcariada toda. Depois, fica velha e tem de ficar na nossa mão. Não é isso? Se formos ricos, tudo será mais fácil e ela terá todo luxo e conforto. Mas, se fôssemos entrar na de nossas mães, elas iriam para o asilo.

É preciso parar com essa conversa, que é só hipocrisia. Nossas mães nos ensinaram as coisas dessa forma porque eram tolas e porque também aprenderam assim, porém, há pais que não o são. Há vários pais que são até melhores que você. E você fica na teimosia de recusar-se a aprender com aquela criatura, pelo menos com o que ela está mostrando do que é capaz. Se você conviveu e viu, é porque tem. Por que, então, não aprendeu? Pare com essas brigas e encrencas. Todas as pessoas que crescem, crescem. Olhe para tudo isso e tire todo o proveito que puder dali. Seja grande de alma, generoso, com aquele que esteve em sua mão e que você não aproveitou.

Quer ser melhor? Hoje, existem milhões de meios de ser melhor, mas o melhor de tudo são seus olhos, que nunca estão satisfeitos com o que você faz porque sabem que sempre há um jeito de fazer melhor. A sede não pode ser morta. Quero mais, consecutivamente.

Meu espírito tem sede, e eu lhe dou de beber porque essa é minha responsabilidade.

Afirmo-me como capaz e não há o que eu não ache, não descubra e não aprenda. Sou mesmo grande. Faço cinco, seis, dez coisas por dia. Largue essa ideia de fazer uma coisa de cada vez. Não se trate como se fosse uma coisa pequena. Explore a si mesmo. Dê a si a oportunidade. Acredite e não pare de exercitar-se, de usar-se, de renovar-se, de reinventar-se.

Mude esse esquema porque a vida da prosperidade requer essa abundância de maleabilidade. Diga: "Não estou nem aí para os conceitos, as medidas, as fórmulas. Vou fazendo meu caminho". **Todo mundo que faz sucesso age assim: "Ah, vou fazer da minha maneira".** Que isso, que aquilo, que nada. Diga: "Farei meu caminho independente". Solte esse astral. Entre no astral do independente.

Elevou-se? Como é aí em cima no novo nível? Como é não precisar se afirmar para ninguém e não estar nem aí com este mundo? Nem com a família? Diga: "Quando eu estiver bem, eles estarão bem, me tratarão bem, e assim não me preocuparei com os outros. **Não irei mais pelo modo externo. Irei pelo modo interno".**

Depois que se tornar um velho rico, todo mundo será simpático com você. As pessoas serão dóceis, carinhosas, dedicadas. Não é isso? Você será tão respeitado, tão bem recebido. O melhor copo lhe será dado porque você é chato, só come em restaurante fino, então, lhe darão aquele copo de cristal (risos). Você não come só em restaurante fino, mas e a cabeça do pobre? Nós comemos onde nos apetece, não é isso? Ainda mais quando temos muito dinheiro. Nem sempre estamos a fim de coisa complicada. Queremos apenas um sanduíche, e já está muito bom. O resto é bobagem de pobre.

O interessante é sermos e deixar-nos ser, desvencilhando-nos dessa mentalidade, desse astral, desses conceitos da família, desses conceitos de uma faixa medíocre, e diferenciando-nos. "Eu só me afirmo em mim". Este estudo precisa ser feito com bastante capricho.

Durante toda a sua vida, você tem se afirmado em quê? Na teimosia? No fazer coisas de graça para não pensarem que você é ruim? Em que você se afirma? Em ajudar os coitados, sendo o "lindo" da família? É uma pessoa completamente pobre e explorada. Como você tem se afirmado e traído seu espírito? Você precisa sair disso porque não pode mais estar nesse caminho, senão, seu poder se esvairá. Está pondo seu poder em outra pessoa quando diz que quer que ela goste de você. Está esvaziando seu poder.

Mas, quando está ali em suas coisas e quer declarar que elas vão, você precisa ter poder para isso e, às vezes, até para poder ajudar alguém à sua volta. Por isso é aí dentro em primeiro lugar: **Eu estou em primeiro lugar.** Minha responsabilidade espiritual é me melhorar e melhorar meu padrão, minhas condições espirituais de conquista, de realização e de poder sobre o mundo. Essa é minha responsabilidade: a de dar ao meu espírito o que ele quer.

Se tivermos de ir para o melhor, precisamos pensar com uma cabeça melhor e não devemos nos prender a essa coisa de que estamos nos tornando egoístas. É mentira. Só não estamos nos tornando tolos. Não estamos mais nos pondo em último lugar. Diga: "Eu me afirmo em mim, porque só preciso de mim". Quer ser generoso? Tem que ter. Como será generoso se não tiver? O que dará? O ar? Então, tenha.

As pessoas aprendem muito mais com exemplos do que com palavras. Então, seja e não queira ser mestre de ninguém. Faça-o pagar para aprender. Não dê. Faça-o obter, senão, nunca emancipará essa criatura nas capacidades e nas crenças dela. Não apadrinhe. Não mantenha a pessoa na ilusão de "coitadinha". Há sempre uma fada que faz tudo, não é? Não ensine isso às pessoas. Ensine que elas podem, assim como estou ensinando-lhe. Dê uma boa cabeça, entusiasmo e deixe para lá. É disso que os filhos e amigos, tanto quanto você, precisam: de ideias melhores, de uma projeção maior, de uma confiança em si maior.

Isso emancipa a criatura, mostra que ela tem que aproveitar e se esforçar em todas as situações para dar a seu espírito a oportunidade de aprender, crescer e parar de se perder com bobagens. Quanto a você, concentre-se aonde quer chegar para sentir o gosto de seu poder, de realização, e para poder dar ao mundo uma coisa melhor, inclusive à sua própria família, contudo, não a mime, não a estrague. Empurre-a para frente para que possa ter a mesma força emancipada que você teve.

Não é tudo que um pai ou uma mãe quer? Que os filhos encontrem seu caminho e encontrem suas próprias realizações na vida, diferentes das suas, mas realizações para o espírito deles? Sua renovação afetará muitas pessoas, mas, se não se elevar, não melhorará.

Para manter-se elevado, diga: "Eu só confio em mim. Estou aqui pra mim, feliz por ser diferente e por ser quem eu sou. Não há absolutamente nada de errado em mim. Nenhum comportamento em mim é inadequado. Meus sentimentos são maravilhosos, meus anseios são maravilhosos, e minha vida vem mostrando quão bacana eu sou. Só não sou mais porque estava preso". Você assistiu, então, é testemunha de si mesmo. Só você tem realmente condições de dizer: "Não, eu tive uma vida com muitas coisas boas. Lógico, do jeito que eu sabia — e não havia outra —, mas era muito boa. Não sou uma pessoa como as outras. Repare nisso. Só você pode conceber a si mesmo essa percepção porque está aí dentro. Você passou e sabe como passou pelas situações. Mesmo com ideias tacanhas, segurou muita coisa. Você é um espírito forte, revolucionário, que vem procurar todas as coisas revolucionárias, modernas. Você adora novas ideias, revolução, estar na frente, senão, não estaria lendo este livro, não estaria envolvido com a metafísica, a espiritualidade e com tudo mais que está um milhão de anos lá na frente.

Você é um espírito que se projeta muito bem, que procura o melhor, o "pra frente", o novo e esforça-se para a compreensão, para dar a si mesmo as condições. Você é uma pessoa especial, em um trabalho especial, com entidades muito especiais. Eu não estaria aqui lhe dizendo isso se você não fosse uma pessoa especial. Não estou puxando o saco de ninguém (risos). Seu excesso de inferiorização é o que o confunde e o fez levar uma vida assim, escondendo seus tesouros. Por isso, é preciso tirar essa pele de cordeiro, parar de se esconder e de seguir o jogo social cretino para se projetar para o próximo nível, onde seu espírito tem muita coisa a lhe oferecer, muito mais do que você pensa.

Você duvida porque se inferiorizou, mas, se não duvidar, verá seus talentos de uma forma que nunca viu. Verá uma capacidade que nunca sentiu, que é o seu poder divino manifestado na individualidade. Que absurdo se inferiorizar! Largue esse mundo acanhado. Você está na frente, no pensamento, na metafísica, logo, todo o resto também poderá ir para a frente e para cima. Seja realmente especial em todos os campos. Faça a diferença, você pode. Confio plenamente que você pode. Confie em si. Vamos, distinga-se. Seja mais distinto. Não se confunda mais, não se compare mais. Sua distinção é fundamental.

Às vezes, as pessoas acham que sou formal. Não sou formal, sou distinto, absolutamente distinto e certo. Meu espírito é sempre certo. E, quando duvidei disso, sofri. Aprendi que estive sempre certo e que os outros estavam errados. Como não tem petróleo no Brasil? Tem de sobra, eu dizia. Tem de tudo nesta terra santa. É o trecho de maior riqueza de todo o planeta. Os novos minérios estão aqui. Os minérios, que gerarão energia em um futuro breve, estão aqui, no planalto central, e eu quero reencarnar para explorá-los (risos).

Na combinação de minérios, dinamizados atomicamente, bastará uma cápsula para iluminar a cidade de São Paulo. Trata-se de uma fusão atômica. Não serão mais elementos radioativos. Outra forma de processá-los está sendo preparada. O mundo inteiro terá de comprar da gente. Não há em outro lugar. Você comprará uma fazendinha lá? (risos).

As novas formas de energia são extraordinárias, e os nossos cientistas já estão encarnados para resolverem a questão em um curto período de tempo e para realizarem outras transformações. Estou sempre sabendo das notícias mais importantes da economia terrena (risos). Estou pensando em voltar, por isso, estou fazendo este trabalho na crosta. Estou me preparando para meu reencarne. Quem sabe em alguma de suas famílias depois que enriquecerem (risos). Meus padrões de riqueza são altos, hein? E me atrairão para uma família fabulosa (risos).

Tudo é possível neste mar de forças que é a vida.

Onde você está aí dentro de si determina sua postura, mas você não determina as consequências dessa postura. Até onde suas forças podem se expandir é uma surpresa. Como podemos afetar as pessoas é outra surpresa. Nem imaginávamos como podíamos chegar a afetar o mundo. Só estávamos sendo nós mesmos, fazendo aquilo que nos parecia ser o melhor.

Pense, pelo menos por uma semana, que você é diferente, que está saindo dessa plataforma para outra e se acomodando nessa nova atmosfera onde está entrando. Continue treinando, exercitando. O que mais lhe peço é que tire o poder que deu aos outros aí dentro. Não se afirme para ninguém. Corte todos os comportamentos de auto-afirmação e afirme em si mesmo. Faça disso um hábito, fomentando o crescimento da confiança em você, da força em si para tudo o que deseja.

Tudo o que você quer depende dessa força. Em sua certeza e segurança, seu espírito segue firme para que seus projetos tenham a firmeza suficiente para dar tempo de se completarem. Às vezes, é preciso manter a convicção por um tempo, aí ela vai indo até se manifestar.

Distinga-se. "É, mas a sociedade com seus problemas, blá-blá-blá!". Não me abalo. Estou criando minha vida e como espírito devo aprender a usar meus poderes e criar minha vida. Estou aqui para desenvolver minhas habilidades de criar e não me perder. Não tenho nada a dizer sobre as escolhas dos outros. Só tenho algo a dizer sobre as minhas. Eu, em primeiro lugar. Portanto, não quero que o mundo melhore para mim; eu devo melhorar para mim. A cada dia, aprendo mais, faço, realizo e fico profundamente satisfeito. Só eu sentirei o que está aqui dentro. Esta vida é só para mim, por isso, estou absolutamente, confortavelmente, em primeiro lugar.

Os valores, os brilhos, as preciosidades procuram quem está na luz, e a maior luz é da pessoa, que tem o prazer de ser ela mesma e de cultivar-se.

Para aqueles que veem Deus como uma pessoa, é fácil imaginar que o pai feliz cujo filho é feliz, se distinguiu, porque fez um filho diferente e ele aceitou e usou a diferença. Se o pai dá tudo ao filho, ele deseja ver o filho maravilhoso. Você não vai decepcionar Deus depois de tudo que Ele lhe deu, não é?

Quando você se cultiva, está dizendo muito obrigado à criação que o fez. Usou tudo, apreciou tudo, desenvolveu tudo, todos os seus talentos foram multiplicados. Nenhum foi deixado de lado. Esse é o filho pródigo. Portanto, comece a reconhecer. Você é a obra e a obra mais perto de você é você mesmo. Eleve-se à categoria de quem o fez. Ande. Quem tem um Pai rico, dono do universo, anda como? De cabeça erguida! Então, levante a cabeça, porque, na hora em que se posicionar, sentirá as correntes dEle, as correntes da abundância universal. Sinta a alegria dEle ao vê-lo assim. Quanto mais alegria tiver de ser assim, mais Ele sorrirá em você. Ele é um Pai que gosta de brincar, que adora ver criança rindo.

Portanto, vista sua nobreza na herança do seu espírito e não se abaixe. Agora, quero que centre nesse ponto, nesse foco de poder e de dignidade que é você. Volte sempre e cultive como puder. Quanto mais esse magnetismo fluir, mais fluirão os recursos de que você precisa para realizar seus desejos e suas ambições.

Diga: "Como meu Pai é rico!". Ao manusear o dinheiro, sinta como reconhecimento de sua herança e que todo esse dinheiro foi feito com os valores que Ele lhe deu: inteligência, cérebro, trabalho, tudo que a criação criou em você. Ele adora que você reconheça. Não que seja agrado ou gratidão. É reconhecimento da força que não para de nutri-lo de condições extraordinárias de poder, vida e da força que isso tem. Você está vivo porque essa fonte o mantém. Nutra o dinheiro de poder e de consciência. Aprenda a usar o dinheiro certo.

Saiba pagar com elegância e reconhecimento o que você recebe.

Abra-se à generosidade e ao reconhecimento de que a fonte espiritual o nutre e lhe dá condições para ter acesso a essas informações que você está recebendo. Reconheça. Pague o que está recebendo com generosidade. Acredite na bênção do seu dinheiro quando você paga algo e que pode pagar. Chore no preço (risos), mas pague com espiritualidade.

Nunca pensei em minha vida em deixar de pagar. Mesmo que lutasse por preço, por mercado, nunca deixei meus concorrentes na mão. Jogo é jogo, mas é preciso saber jogar com elegância. Na época, era um bando de moleques brincando.

Aprenda a pagar. Mude a visão do dinheiro. Você precisa aprender a soltar, a saber receber, a saber pensar diferente a respeito do dinheiro, a pensar com outra espiritualidade nesse mecanismo sem ser essa coisa mesquinha, pequena. Trata-se de uma coisa tão fabulosa, um espírito tão fabuloso, que pode lhe dar tanto. E isso não só a respeito do dinheiro como tudo na vida. Você foi tão bem abastecido até hoje, por que não seria amanhã? Nasceu em uma família boa, teve de tudo em uma terra sagrada de paz e oportunidades e, claro, de desafios. Se não houvesse desafios, por que viria aqui?

Todo sucesso, toda prosperidade é espiritualidade. Todo sucesso é do espírito sobre as questões da vida. Uma pessoa de sucesso nos negócios deve isso a um espírito inteligente, esperto. É o espírito da pessoa que faz, cria, inventa, mantém, equaciona, administra, dirige em todas as áreas. O sucesso nas artes, nos esportes, na profissão, nos serviços prestados é sempre obra do espírito. É o espírito que tem aquilo nele e se revela ali, então, a pessoa tem sucesso.

Seja ou não religioso, isso não tem a menor importância. Sempre que você vir um homem ou uma mulher de sucesso, saiba que essas pessoas sempre são grandes espiritualistas. Preste atenção nelas com outro respeito, mesmo que elas sejam excêntricas e um tanto desagradáveis para você. Eu gosto de pessoas excêntricas, por isso elas nunca me desagradam. O ruim é pessoa comum, boazinha. Que coisa horrorosa! Não faz nada diferente, sempre igual. Então, vamos amar muito nossa individualidade, dar a ela todo o prestígio para ficarmos exóticos, mas descolados deste mundo o suficiente para fazermos o mundo que queremos aqui dentro, o nosso mundo de amanhã. Salve, salve.

Gasparetto

Foi um papo muito legal, não? Amplo, de uma visão boa, que trouxe ângulos aos quais não estamos habituados. É disso que eu gosto. Estou ligado nesses assuntos há muito tempo. Penso e repenso. Leio muita coisa de autores estrangeiros e nossa, sempre interessado. Nos Estados Unidos, há muito material a respeito, então procuro ver se há alguma ideia nova. Nunca parei, porque a prosperidade não diz respeito apenas ao dinheiro. O dinheiro é até o de menos nessa hora. Acho que as coisas que você quer realizar nesta vida ainda são maiores que o dinheiro.

Você quer fazer um projeto, um curso, alguma coisa, tem até o dinheiro para isso, mas, quando aquilo dá certo, uma sensação de realização acontece. É claro que, quando você realiza um projeto, o dinheiro, às vezes, é consequência — e isso é muito bom —, mas a satisfação por ter conseguido é muito maior, como no caso de ter um filho, uma família.

Então, há muita coisa para dar certo. Prosperidade tem muito disso. É claro que tem a vida profissional, em que a pessoa é superdedicada, pesa muito, contudo, não é só isso. Não é só o dinheiro, mas o fato de suas ideias darem certo, dos canais de seus negócios se abrirem, das propostas maravilhosas e novas que você pode fazer, não é isso? É fascinante. Ainda mais para nós, que vivemos em São Paulo, no coração da economia brasileira, dos negócios, das artes, das informações.

Nesse curso, eles mostraram outras visões que nós não tínhamos. Fomos criados em uma visão de dinheiro muito complicada, pequena, e, embora ele seja importante, a visão dele era curta, principalmente a visão católica de que dinheiro é sujo, de que é isso, de que é aquilo. Botamos tantas coisas na frente do dinheiro. Tínhamos até vergonha de tê-lo, de querê-lo. Como disse Mauá, isso é hipocrisia. A Igreja pregou isso e está cheia de dinheiro. "Ah, mas Jesus era humilde e carpinteiro!". Que humilde e carpinteiro coisa nenhuma! Ele era herdeiro do trono de Davi! Era um príncipe hebraico. O povo mente pra caramba! Ele tinha linhagem nobre para ser rei.

Todos os apóstolos, à exceção de Pedro, eram nobres. Eu li muito sobre as pesquisas que fizeram. Logicamente, li pesquisas que ingleses fizeram. Nos livros de historiadores ingleses não passa nada. Eles contam as coisas nos mínimos detalhes. Se fosse em outro país, já seguravam. Inglês não segura nada. É uma briga antiquíssima desde Henrique VIII, que rompeu com o Vaticano para poder se casar quantas vezes quisesse e se tornou o líder da Igreja Anglicana.

O que você acha que mudou mais em si com este curso? A postura? A postura interior, não é? Cabe a você, agora, verificar como estão sendo os resultados disso na prática, em sua vida. Se houve uma mudança de postura, com certeza os reflexos aparecerão em sua vida.

Uma das coisas que achei muito importante foi esse negócio de pôr os outros para fora e tirá-los daqui de dentro. Isso é o máximo! Quando você se envolve com os outros, perde o controle, o poder, e fica à mercê do mundo. Só se desvencilhando do mundo, se desatando dos outros, você vê com clareza e maturidade, sem impulsividade.

Quando você começa a mudar a postura interior, deixando de se inferiorizar e de se afirmar para os outros, os guias espirituais percebem e começam a aparecer um mais fantástico que o outro.

Isso aconteceu e está acontecendo comigo. Eles percebem e começam a investir cada vez mais em você, até porque para eles é um grande prazer. Eles não se cansam de ver coisas para movimentarmos nosso potencial. Então, aproveite para pôr em prática o que você aprendeu aqui, pois tenho certeza de que sua vida dará uma guinada para melhor! Você terá cada vez mais ajuda dos amigos espirituais. É só fazer sua parte!

CONHEÇA OS GRANDES SUCESSOS DE

GASPARETTO

E MUDE SUA MANEIRA DE PENSAR!

Atitude
Afirme e faça acontecer
Conserto para uma alma só
Faça da certo
Gasparetto responde!
O corpo – Seu bicho inteligente
Para viver sem sofrer
Prosperidade profissional
Revelação da Luz e das Sombras
Se ligue em você

COLEÇÃO METAFÍSICA DA SAÚDE

Volume 1 – Sistemas respiratório
e digestivo
Volume 2 – Sistemas circulatório,
urinário e reprodutor
Volume 3 – Sistemas endócrino
e muscular
Volume 4 – Sistema nervoso
Volume 5 – Sistemas ósseo
e articular

COLEÇÃO AMPLITUDE

Volume 1 – Você está onde se põe
Volume 2 – Você é seu carro
Volume 3 – A vida lhe trata como
você se trata
Volume 4 – A coragem de se ver

COLEÇÃO CALUNGA

Calunga – Um dedinho de prosa
Calunga – Tudo pelo melhor
Calunga – Fique com a luz...
Calunga – Verdades do espírito
Calunga – O melhor da vida
Calunga revela as leis da vida
Calunga fazendo acontecer

LIVROS INFANTIS

A vaidade da Lolita
Se ligue em você 1
Se ligue em você 2
Se ligue em você 3

Conheça mais sobre espiritualidade com outros sucessos.

vidaeconsciencia.com.br   /vidaeconsciencia   @vidaeconsciencia

Rua Agostinho Gomes, 2.312 – SP
55 11 3577-3200

contato@vidaeconsciencia.com.br
www.vidaeconsciencia.com.br